하나님, 알러뷰

하나님 알러뷰

I love you, God!

윤정희 지음

규장

추 천 의 글

눈 뜸의 은혜

세상에는 두 종류의 사람이 있습니다. 눈이 뜨인 사람과 안 뜨인 사람입니다. 눈이 뜨이면 일상에서 나와 함께하시는 그리스도를 보게 되고, 그분과 동행하는 기쁨을 누리게 됩니다. 윤정희 사모는 눈이 뜨인 사람입니다. 가슴으로 낳은 열 자녀를 돌보는 일이 힘겹고 어려울 만한데, 눈이 열렸기에 그것들이 소중하고 복되다고 고백하며, 고통까지도 축제로 바뀌는 기적의 삶을 날마다 연출하고 있습니다. 한 맹인이 주님의 말씀에 순종하여 진흙을 바른 눈을 실로암 못에 가서 씻고 눈이 뜨였듯, 이 책을 읽는 모든 이들이 이런 '눈 뜸의 은혜'가 있으리라 확신합니다. "주여, 아름다운 것을 아름답게 볼 수 있도록 우리의 눈도 열어주옵소서!"

김석년 서울 서초교회 담임목사

끝없는 하나님의 사랑을 몸으로 실천하는 사람

하나님의 사랑은 어디까지일까? 저는 윤정희 사모의 가정을 보며 늘 이런 생각을 합니다. 끝없는 하나님의 사랑을 몸으로 실천하면서 가장 행복한 미소를 지으며 살아가는 이 가정을 보며 새삼 주님의 위대하심을 느낍니다. 하나님께 온전히 자신을 내어드리며 오직 주의 말씀에 순종하며 살아가는 윤정희 사모의 이야기를 만날 때, 우리가 그동안 하나님을 잊고 살지는 않았는지 생각해보게 될 것입니다. 추운 겨울, 따뜻한 한 가정의 이야기를 통해 온몸이 훈훈해지고 삶에 감사가 넘쳐나는 시간 보내시길 바랍니다.

이철 강릉 중앙감리교회 담임목사

영혼 사랑을 보여주는 분

오늘날 우리는 수많은 어린이들이 가정에서 외면당하고 버려지는 안타까운 현실 속에 살아가고 있습니다. 김상훈 목사님과 윤정희 사모님은 하나님의 특별한 사랑을 체험하시고 그 사랑을 몸소 실천하고 계시는 분들입니다. 저희 둘째 딸은 지난해 딸아이를 입양했습니다. 그 일로 사모님을 여러 번 만나면서 영혼을 사랑하시는 모습에 그때마다 놀라고 감격했습니다. 우리 식구들은 지금 주님의 사랑으로 입양한 '단비'로 인해 말할 수 없이 행복합니다. 부족한 우리 역시 하나님의 사랑으로 입양되어 그분의 자녀가 되지 않았습니까? 이 책을 통해 영혼 사랑의 은혜가 모든 분들에게 전염되기를 기원합니다.

황정일 삼척 고천교회 담임목사

다르게 사는 사람들의 다른 목소리를 듣다

지금 한국교회에는 '다르게 사는 사람들'의 '다른 목소리'가 필요합니다. 지금까지와는 다른 방향으로 가지 않으면 안 되는 상황이기 때문입니다. 세상의 중력을 거부하며 다른 방식의 삶, 굳이 말한다면 '전복적인 삶'을 사는 사람들이 있기에 이 땅은 소망이 있습니다.
이 책의 저자 윤정희 사모님과 남편 김상훈 목사님이 바로 그런 전복적인 삶을 사는 분들입니다. 이들은 세상의 가치, 세상의 셈법으로는 도저히 가늠할 수 없는 삶을 살고 있습니다. 이들을 통해서 사랑은 참으로 치러내고 감당하는 것임을 알게 됩니다. 동사적 사랑을 실천하는 이들의 삶에 경의를 표하지 않을 수 없습니다. 또한 이 가족은 이 시대에 진정한 행복이 무엇인지, 절대적 기쁨이 무엇인지에 대한 답을 주고 있습니다.

이들과 교제하다보면 도대체 무엇이 이들을 이런 사랑과 헌신, 기쁨의 사람이 되게 만들었는지를 질문하게 됩니다. 그 대답이 이 책에 있습니다. 윤 사모님이 늘 고백하는 '하나님 알러뷰' 라는 말에서 모든 답을 찾을 수 있습니다. 하나님에 대한 절대적 사랑, 그분에게 받아들여졌다는 깊은 확신이 이들을 급진적이고, 무조건적인 사랑의 사람으로 만들었음이 분명합니다.

우리는 참 스승이 부족한 시대에 살고 있습니다. 스승은 멀리 있지 않습니다. 책상 앞에서 고담준론을 펼치는 분들이 아니라 치열한 삶의 현장에서 사랑을 살아내는 분들이야말로 이 시대의 스승입니다. 그들에 대해선 종교와 성별, 인종을 떠나 존경의 마음을 갖습니다. 김 목사님과 윤 사모님은 우리 시대의 스승입니다. 물론 두 분은 '스승'이란 말에 "말도 안 돼유"라며 손사래 치실 테지만 그들을 만날 때마다 뭔가를 배운다는 점에서 분명 스승입니다. 아무리 악한 사람일지라도 이들 열두 명의 '붕어빵 가족'과 만나면 변화될 것입니다. 하나님께 받아들여진다는 것이 무엇인지 알게 되기 때문입니다. 이 책을 통해서 하나님의 깊은 사랑이 온 땅에 전파되기 바라며 기쁘게 추천합니다.

이태형 국민일보기독교연구소 소장, 《더 있다》 저자

삶의 온도를 올려주는 붕어빵 가족의 사랑

아이는 태어나자마자 친부모로부터 버림받았습니다. 그리고 입양되었다가 2년 반 만에 다시 버려졌습니다. 이른바 파양입니다. 상처에 더 큰 상처가 입혀졌습니다. 그 아이에게 다시 입양의 손길이 내밀어졌습니다. 그 손길을 내민 어른들 앞에 처음 섰을 때 아이의 눈빛을 잊지 못합니다. 두려움으로 한없이 흔들리는 아홉 살 아이의 눈동자를 바라보며 저는 카메라 뒤에서 꺽꺽대며 울음을 삼켰습니다. 제 아들과 같은 나이의 아이가 지금껏 짊어져야 했던 고통의 무게가 느껴졌기 때문입니다. 아이는 한사코 새로운 입양을 거부했습니다. 울고 소리를 지르면서 보호시설을 떠나지 않으려 했습니다. 보호시설에서 함께 생활하던 삼촌이 아이를 번쩍 들어 차에 태웠고, 그렇게 새로운 울타리로 옮겨졌습니다. 그런데 기적이 일어났습니다. 아이가 그날 밤 웃으며 인사를 한 것입니다.

"아빠, 엄마 사랑해요. 형, 누나들 사랑해요."

내내 울기만 하면서도 이 가족 안에 얼마나 큰 사랑이 담겨 있는지 보고 듣고 느꼈던 것입니다. 이 아이의 새로운 부모가 바로 김상훈, 윤정희 부부입니다. 윤정희 씨를 지켜보면서 "정말 대단하다"라는 말밖에는 나오지 않았습니다. 매일 세끼 뜨거운 밥을 아이들에게 해먹이고, 하루 세 번 세탁기를 돌려 빨래를 널고, 거기에 막내 행복이를 업어 키우기까지. 나이 오십의 여성에게는 육체적으로나 정신적으로 힘들어 보이는 삶이지만 그녀는 충분히 행복해하며 살고 있었습니다. '사랑'이 없다면 불가능한 모습일 것입니다. 사랑하면 닮는다고 했습니다. 윤정희 씨 가족은 사랑하며 살기에 웃는 모습들이 딱 붕어빵입니다. 그래서 이 가족의 이야기를 다룬 다큐멘터리의 제목을 '붕어빵 가족'이라고 지었습니다. 이 각박한 세상에 '진정한 사랑'이 존재함을 온몸으로 증명하는 윤정희 씨. 그녀의 이야기와 생각을 함께 나누는 것은 진실로 따뜻하고 의미 있는 일이 될 것입니다. 하여 우리 삶의 온도를 1도 올려줄 이 책을 추천합니다.

유해진 MBC 휴먼다큐 〈사랑〉 PD

그들의 사랑을 닮고 싶습니다

'붕어빵 가족'과 저의 인연은 휴먼다큐 〈사랑〉에 제가 내레이션을 하면서 시작되었습니다. 녹음을 하면서 저 스스로에게 참 많은 질문을 던졌습니다. '나라면 이렇게까지 할 수 있을까?', '내가 저 아이였다면 어땠을까?', '가슴으로 낳는다는 건 어떤 것일까?' 녹음을 마치고 나서도 이런저런 질문들이 제 머릿속에서 왔다 갔다 했습니다. 그러면서 저도 모르게 부끄러운 마음이 들었습니다. 그 부끄러움의 정체는 '난 지금 어떻게 살아가고 있는가'에 대한 반성이었습니다.

서로 다른 이유로 입양이 된 아이들의 상처를 사랑으로 보듬고 한 가족이 된 그들을 영상으로 보는 내내 울컥 올라오는 눈물을 잘 참던 저도 마지막 돌잔치를 보면서 마음이 무너졌습니다. 이토록 아름답고 행복한 사람들의 모습을 보며 감동의 눈물이 흘렀습니다.

피 한 방울도 안 섞인 사람들이지만 그 어떤 가정보다도 서로 닮아 있는 붕어빵 가족. 방송 이후 저는 그들을 만나고 싶어 강릉으로 갔습니다. 함께

뜻깊은 시간을 보내며 돌아서는데 왜 또 주책없이 눈시울이 뜨거워지는지…. 조금이나마 보탬이 되었으면 하는 마음으로 드린 작은 정성조차 당시 병마와 싸우고 있던 '해나'를 위해 기부하셨다고 들었습니다. '사랑의 실천'이 무엇인지를 보여주는 붕어빵 엄마와 아빠 그리고 아이들. 벅찬 먹먹함에 저는 집으로 바로 돌아가지 못하고 강릉 바다로 갔습니다. 모래사장에 앉아 바다를 바라보는데 하얀 나무토막이 파도에 쓸려와 있었습니다. 그 나무토막은 마치 하얀 고래 같았습니다.
'아, 나무도 바다와 오래 있으면 바다를 닮는구나….'
전 그제야 붕어빵 가족이 알려준 사랑의 비밀을 가지고 집으로 돌아올 수 있었습니다. 이 책을 통해 많은 사람들이 제가 느낀 벅찬 감동을 느낄 수 있기를 진심으로 희망합니다.

유해진 영화배우

사랑이라는 만병통치약

한 자녀를 낳아 기르기도 힘든 이때에 입양은 결코 쉬운 일이 아닙니다. 그런데 여기 열 자녀를 가슴으로 낳아 하나님의 방법으로 양육하는 분들이 계십니다. 온전히 주님만 바라보며 그분이 공급하시는 사랑의 능력으로 살아가는 이들에게 사랑은 가정의 모든 문제를 해결해주는 만병통치약입니다.
자칭 '바보 엄마'라고 부르는 윤정희 사모님과 '바보 행복론자' 김상훈 목사님의 이야기는 꾸밈없고 진솔하며 따뜻합니다. 특히 이 책의 저자인 윤정희 사모님은 어려운 시기마다 꿋꿋이 이겨내어 오뚝이처럼 절망을 희망으로 변화시킨 능력의 여인입니다. 어려운 이웃을 보면 그냥 지나치는 법이 없고, 주님이 하라고 하시면 생면부지의 사람에게 장기를 기증하며, 남편을 선한 일에 적극 동참하게 하는 당찬 아내이자 사역자입니다. 사모로, 열 자녀의 엄마로, 살아가면서 다른 사람들에게 선한 영향력을 끼치는 그 분의 삶이야말로 하나님이 기뻐하시는 삶이란 생각이 듭니다.

저자의 삶은 '순종'과 '감사'입니다. 감사할 수 없는 상황 속에서 감사를 고백하고, 힘든 상황 속에서도 하늘의 일하심을 신뢰하며 순종함으로 나아갑니다. 그 모습에 점점 이기적으로 변해가는 우리의 삶을 비춰보면 우리는 마치 다른 이의 아픔은 보지 못하는 맹인 같습니다. 그리스도의 아름다운 향기로 살아가는 목사님과 사모님을 알게 하신 만남의 축복에 감사드립니다. 이분들이 풀어가는 사랑 이야기는 추운 날씨에 꽁꽁 언 마음을 따뜻하게 녹여주기에 충분할 것입니다. 많은 분들이 이 이야기를 만나게 되길 기대하고 기도합니다.

조광덕 강릉아산병원 신경과장, 기독신우회장

특별한 아이들
그리고 특별한 어머니

우리 연곡초등학교에는 조금 특별한 다섯 명의 학생들이 있습니다. 이들은 모두 한 가족인데, 우리 학교가 생긴 이래 다섯 명의 한 가족이 다니는 것은 처음입니다. 이들은 모두 한 가지 이상의 특기가 있습니다. 맏형 요한이는 공부를 잘하고 피아노도 잘 칩니다. 사랑이와 다니엘, 한결이는 우리 학교 쇼트트랙 선수로 매일 3시간씩 열심히 훈련하여 제15회 강원도쇼트트랙빙상경기대회에 나가 학교의 명예를 드높이기도 했습니다. 햇살이는 그림에 소질이 있어 그림 그리기 대회에 나가면 꼭 상을 탑니다. 학업, 방과 후 활동, 운동 등에 최선을 다하는 다섯 명의 아이들이 우리 학교 학생이라는 게 너무 감사합니다. 이렇게 아이들 각자의 특기를 살려 양육하는 것이 쉬운 일이 아닐 텐데, 아이들이 하고 싶은 일을 하도록 권유하고 교육하는 윤정희 사모를 보면 그녀가 자녀교육의 대가임을 알게 됩니다.

진정한 가족애가 담긴 이 책을 통해 많은 분들이 가족 사랑의 소중함을 깨닫게 되길 진심으로 바랍니다.

최승길 연곡초등학교 교장

Part 03 나에게 보내주신 천사들

Part 04 함께라서 행복한 우리 집

가족 소개

김상훈

"미안해유" "고맙구먼유" "사랑해유"란 말을 가장 좋아하며, 윤정희의 남편으로 살고 있어 행복하다고 말하는 마누래 바보인 남자.

윤정희

자칭 대한민국에서 최고로 행복하다는 엄마. 우주 최고의 아버지 사랑을 제일 많이 받는 막내딸이었다가 열 명의 아이들을 키우면서 아버지의 마음을 잘 알게 되어 이제는 세상의 많은 동생들을 사랑으로 품는 아버지의 큰딸이 되고픈 여자.

김하은

자신을 '하나님의 딸'이라고 고백하는 우리 집 장녀로, 엄마가 대한민국의 소외된 아이들의 엄마라면 자기는 전 세계의 소외된 아이들의 엄마가 되겠다고 선포하는 장래 아프리카 선교사. 아빠에게 '이쁜이'라는 말을 듣는 걸 너무너무 좋아함.

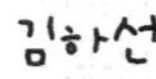

김하선

우리 집 대표 뺀질이. 자기가 할 일도 동생들을 시켜서 해결함. 동생들 군기는 다 잡으면서도 나만큼 동생들 사랑하는 사람이 있으면 나와보라고 큰소리치는 둘째 딸.

김하민

"거북이보다 느린 애가 있다면 아마 너일 거야"라고 말하면 눈을 흘기며 "그래도 수영은 잘해"라고 말하는 하민이. 정말이지 물속에만 들어가면 누구보다 빠름.

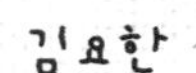

김요한

수학박사, 과학박사라는 별명답게 공부하는 걸 좋아하고 동생들 공부 가르쳐주는 게 제일 재밌다고 함. 외교관이 되어 주님을 위해 살기를 원함.

김사랑

쇼트트랙 국가대표가 되어 우리 가족 세계일주를 시켜주겠다며 날마다 큰소리를 빵빵 침. 별명은 '마빡이'인데 아빠는 '대마빡'이라며 아빠랑 자기가 가장 많이 닮았다고 좋아함.

김햇살

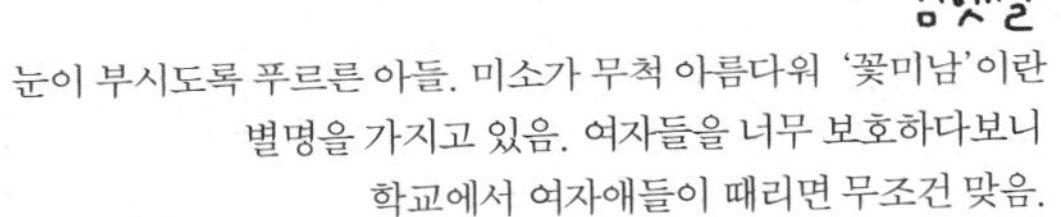

눈이 부시도록 푸르른 아들. 미소가 무척 아름다워 '꽃미남'이란 별명을 가지고 있음. 여자들을 너무 보호하다보니 학교에서 여자애들이 때리면 무조건 맞음.

김다니엘

머리가 좋고 순간 판단이 빠른 아이. 사랑이와 함께 쇼트트랙을 하고 있음. 하은이가 눈이 작다고 '외계인'이란 별명을 지어줬는데 굉장히 좋아함. 햇살이가 여자애들에게 맞으면 달려가서 다 때려줌.

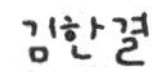

김한결

결혼도 안 하고 평생 엄마랑 살겠다는 아이. 나중에 캠핑카를 사서 가족과 여행하는 게 꿈이라며 돈을 많이 벌겠다고 함. 애교가 많고 엄마를 가장 좋아해줌.

김하나

노래 부르기와 책 읽기를 좋아하는 아이. 의젓하고 잘생겨서 '리틀 꽃미남'으로 불림.

김행복

난타를 좋아해서 스틱 두 개를 항상 가지고 다니며 잠잘 때도 머리맡에 둠. 웃을 때 눈과 입이 예술인 막내.

프 롤 로 그

십 년의 기도가 기적이 되어

하늘 아버지께 드리는 편지

아버지,

초등학교 4학년 때 친구 숙희로 인해 처음 교회에 발을 디딘 어린 꼬마가 지금은 주님을 열정적으로 사랑하는 한 성도로, 눈에 넣어도 아프지 않은 열 남매의 엄마로, 목사 부인으로 살고 있어요.

제가 걸어온 길을 돌아보니, 10년마다 다음 10년의 삶을 위해 기도했던 모든 내용이 이루어졌음을 알게 되었어요. 철없던 10대 시절에 이 땅에서 가장 소외된 아이들과 살고 싶다고 기도했는데 하나님께서는 저의 기도를 들으시고 장애인 시설에서 몸이 아픈 아이들의 엄마로 살게 하셨지요. 그리고 그때부터 제 마음을 단련시키셨음을 알게 되었어요. 그 시절이 없었다면 지금 저의 모습도 없었을 테니까요.

꿈 많던 20대에는 30대를 위해 주님께 간절히 기도했죠. 교회 안에서 주님의 일만 하게 해달라고요. 그러면서 이 시기에 네 번의 유산을 경험했고, 소중한 보물인 하은이와 하선이를 가슴으로 낳았어요.

그리고 30대에는 40대를 위해 새벽마다 부르짖어 기도했죠. 남편과 함께 더 열심히 주님의 일을 하게 해달라고요. 남편이 목회자의 길을 걷기를 원했던 적은 결코 없었어요. 저 또한 주님만 바라보겠다고 말하면서도 남편이 돈 잘 버는 사업가로, 평신도 지도자로 교회 안에서 선한 영향력을 끼치며 살기만을 바랐죠. 하지만 주님은 결국 남편을 목회자로 부르셨죠. 돈은 물론이고 자녀까지도 내 삶에서 우상이 될 수 있음을 하선이의 병을 통해 알려주신 아버지 앞에 한없이 나약한 이 딸이 오늘도 무릎 꿇어 기도합니다.

'저를 자녀 삼아주셔서 감사합니다. 이 아이들의 엄마로 살게 해주셔서 감사합니다. 저를 사랑해주셔서 감사합니다.'

아버지!

우리 부부가 50대에 기도하던 것, 자녀들이 주님 앞에서 꾼 꿈을 이루어가게 해달라고 기도했는데 벌써부터 아이들이 자신의 길을 개척하며 나아가고 있음을 보며 주님께 감사드립니다. 각자의 꿈을 향해 전진하는 아이들을 바라보며 주님께서 하신 말씀이 생각납니다.

'네 가정은 기적을 노래하게 될 것이다.'

절대 기적이 일어날 거 같지 않던 우리 아이들이 이미 기적을 노래하고 있네요.

훗날 남편이 목회자로서의 모든 걸 내려놓게 되면, 남편과 저는 주님이 부르시는 가장 가난한 곳으로 떠나 말씀을 전파하며 희망이 없는 아이들에게 꿈과 소망을 심어주고 싶어요. 우리 아이들과 함께 살아온 날처럼요. 주님께 10년마다 드린 기도 안에는 늘 아이들이 있었어요. 아이들이 나에게 온 건지, 제가 아이들에게 다가간 건지 잘 모르겠어요. 늘 아이들이 제 안에 들어와 있었고, 아이들은 제가 살아가는 이유가 되었고, 이제는 제 삶이 되었어요.

내세울 거 없는 우리 가족의 삶을 글로 적는다는 게 부담스러워 힘에 부칠 때면 아버지께서 하신 말씀이 생각납니다.

'오직 나만 바라보아라. 어떤 것도 바라보지 말고 오직 나만 보아라.'

《하나님 땡큐》에 이어 《하나님 알러뷰》를 쓰면서 또다시 주님만 바라봅니다. 세상 사람들이 읽고 은혜받았다고 말할 내용보다 주님께서 기뻐하실 우리 가족의 삶을 그대로 이곳에 옮겨 적습니다.

《하나님 땡큐》를 쓰면서 조금은 두려웠습니다. 우리 가족의 삶이 그대로 노출되면서 혹시 우리가 다른 모습으로 변하지 않을까 하는 걱정 때문이었지요. 하지만 출간 이후에도 전혀 달라진 거 없이 오히려 더 단단해져가는 우리 가족을 보면서 기쁨으로 또 한 권의 책을 세상에 내놓습니다. 오직 주님만을 증거하고자 하는 마음으로요.

아버지가 원하신 대로 이제 열 명의 아이들과 우리 부부가 주님의 열

두 제자가 되었어요! 이제 우리 가족은 새로운 꿈을 꾸고 싶습니다. 오직 주님이 주인이 되셔서 이루어가실 꿈을요!

책이 나오기까지 수고해주신 규장의 모든 분들께 감사드립니다. 하은이의 미래가 기대된다며 청소년이 쓴 책《나는 하나님의 딸》을 출판해주시고 한국행 왕복 비행기 티켓을 담당해주신 규장의 여진구 대표님께 감사를 드립니다.

우리 가족을 강릉으로 불러주신 강릉 중앙감리교회 이철 감독님과 모든 교인분들께 진심으로 감사드립니다. 또한 늘 우리 일에 발 벗고 나서서 도움을 주시는 또 다른 가족, 국민일보기독교연구소의 이태형 소장님 부부에게도 감사드립니다.

열 명의 사랑스러운 우리 아이들과 멋진 남편 김상훈 목사에게도 사랑과 감사를 전하며, 지금도 함께하시는 나의 아버지께 이 책을 올려드립니다.

아부지, 알러뷰!

주님을 엄청 사랑하는 딸

윤정희 올림

아름답게 수놓는 별들 위에 나의 눈물방울 하나가 부딪혀 은빛 불꽃축제가 벌어졌다. 별들이 반짝이는 아름다운 축제를 보면서 나는 행복하게 잠들었다.

'아부지… 사랑혀유!'

'딸아, 나도 사랑한다. 내 품에서 편히 자렴.'

Part 01

오직 주님만 따라가유

I love you, God!

I LOVE YOU GOD

고마운 교통사고

20대 젊은 시절, 음성 꽃동네에서 봉사활동을 하며 장애인들과 함께 평생을 살고 싶다는 생각을 했다. 그 생각을 실천에 옮기고자 공주에 위치한 동곡요양원에 면접을 보러갔다.

"이력서를 보니 조건이 좋네요. 중증 장애아동들을 돌보는 일을 할 수 있을 거 같지가 않은데… 이 일이 보통 마음먹지 않으면 쉬운 일이 아니거든요."

사무국장님의 말을 들으며 이미 예상했던 부분이라 빙그레 웃음이 나왔다.

"제가 나중에 장애인 그룹홈(group home)을 할 생각이거든요. 미리 훈련이 필요할 거 같아서요. 저 힘들고 어려운 일 잘해요."

"그래도… 이런 일 하기에는 학력과 경력이…."

"저 잘한다니까요. 믿고 지켜봐주세요."
한 달도 못 채우고 나갈 거란 직원들의 예상을 깨고 나는 2년 넘게 장애 아동들의 엄마로 살면서 미래를 꿈꾸고 있었다.
하루는 오랜만에 친구가 저녁을 먹자고 해서 대전의 한 레스토랑으로 나갔다. 거기서 내 남편 김상훈 목사를 처음 만났다. 저녁 식사를 마치고 요양원까지 데려다주겠다고 해서 차 안에서 간단한 이야기를 나누고 헤어졌다. 그 뒤로 그는 수시로 요양원을 방문했다. 두 손 가득 간식을 들고 오는가 하면 기타를 가지고 와서 아이들과 노래를 부르기도 했다. 가끔은 아이들을 데리고 외출도 해주었고 내가 원할 때면 언제든 달려와주었다.
그렇게 일 년을 지내면서 날 엄마라고 부르던 아이들이 언제부터인가 그를 아빠라고 부르기 시작했다. 독신으로 평생을 장애인들과 함께 살기를 원했던 내게 그의 등장은 혼란을 가져다주었다. 그는 결혼해서 함께 이 일을 해나가자고 나를 설득했고, 혼자보다 둘이 함께 주님의 일을 하면 더욱 행복할 거란 생각에 남편과 결혼을 결심했다. 당시 믿음이 없었던 남편에 반해 자식들을 위해 묵묵히 기도하시는 시어머니는 결혼을 결정하는 데 중요한 역할을 했다.

남편은 결혼 두 달 만에 다니고 있던 건설회사를 사임하고 인천에 있는 한국종합건설 토목과장으로 직장을 옮겼다. 우리는 인천으로 이사를 가서 선민침례교회에 등록을 했다. 하지만 남편은 현장에서 일이 끝나면 직원들과 날마다 술을 마시며 늦게 귀가했다. 함께 교회에 가자고 하면 자신은 바빠서 갈 수 없으니 혼자서 가라고 내 등을 떠밀었다.

얼마 후 남편은 한국아파트 진입로 공사로 인해 매일 수원으로 출퇴근을 했다. 새벽에 나가 자정이 다 되어서 술에 취해 들어오는 남편은 가끔 자신이 어떻게 운전을 해서 집으로 왔는지조차 기억하지 못했다. 한 번은 차를 어디에 세워놓았는지 기억하지 못해 아파트 주변을 돌면서 찾은 적도 있다.

"상훈 씨, 그렇게 술 먹고 운전하다 사고 나면 어쩌려고 그래요. 술을 먹지 말라는 게 아니고 조금 자제를 하라는 거예요."

"나도 조금만 마시고 집에 와야지 하는데 일단 술이 들어가면 그게 안 되네유. 조심하도록 할게유. 미안해유."

"대전에 계시는 어머니께 죄송하지도 않아요? 날마다 교회에 나가 당신이 예수님 믿게 해달라고 그렇게 기도를 하신다는데."

"교회 이야기는 하지 말아유. 지금은 가고 싶은 마음이 안 들어유."

"나도 요즘 상훈 씨를 위해서 이상하게 기도가 더 많이 돼요. 겨울이라 도로도 얼어 있고 술 먹고 운전하다 미끄러지기라도 하면 어쩌려고요. 늘 가족을 생각해줘요."

"조심할게유. 그런데 연말이라 매일같이 술자리가 있구먼유. 이번 주도 계속 회식이 있으니 안 마시려고 해도 어쩔 수 없이 먹게 되네유. 연말만 지나면 그때는 줄여볼게유."

"늘 운전 조심해요."

12월 31일이 지나 새해 1월 1일이 되었는데도 남편은 집에 들어오지 않았다. 지금처럼 휴대전화라도 있으면 연락이라도 할 텐데 그때는 무작정 기다리는 수밖에 없었다.

깜빡 잠이 들었다가 전화벨 소리에 놀라 잠을 깨니 새벽 4시가 넘어서고 있었다. 남편의 전화겠지 싶어 얼른 수화기를 들었다.

"여보세요."

"거기 김상훈 씨 댁이지요?"

"네, 그런데요."

"지금 김상훈 씨가 음주운전을 하고 교통사고를 크게 내서 경찰서에 있습니다. 와주셔야겠어요."

"알겠습니다. 금방 갈게요."

정신없이 달려가보니 남편은 고개를 푹 숙이고 조사를 받고 있었다. 크게 다친 곳은 없어보여서 감사했다.

"상대편 운전자는 병원에 가고 두 차는 아주 박살이 났어요. 젊은 사람이 그렇게 술을 먹고 운전하면 어떡합니까! 누구 인생을 망치려고 작정을 했어요?"

"정말 죄송합니다! 정말 죄송합니다!"

조사를 마치고 병원에 입원해 있는 피해자를 찾아가 손이 발이 되도록 빌면서 당시 800만 원이라는 거금으로 합의를 보고 부서진 차량도 완벽하게 고쳐주었다. 집에 돌아온 남편은 피해자 앞에서보다 내 앞에서 더 많이 고개를 숙이며 미안해했다.

"진작에 마누래 말을 들었어야 하는데 정말 미안해유."

"지금 우리가 살고 있는 아파트 전세값이 2천만 원이에요. 그런데 이

일로 들어간 돈이 지금까지 2천만 원이에요."

남편은 더욱 고개를 들지 못했다.

"상훈 씨 일 년 연봉을 하루아침에 다 날렸어요. 이제 어떻게 할 거에요?"

"마누래가 하라는 대로 다 할게유."

"분명 이런 사고를 내고 두 차가 박살이 났는데도 당신이 다치지 않은 이유가 있을 거예요. 이제부터 술은 딱 끊고 우리 예수님께 나아가요. 그냥 교회 다니는 게 아니라 진심으로 하나님을 믿는 가정으로 거듭나면 그까짓 2천만 원 아무것도 아니에요. 우리는 젊으니까 금방 갚을 수 있어요. 어떻게 할 거예요?"

"이번 주부터 교회 나갈게유. 그리고 술은 이 시간 이후로 절대 입에 안 댈게유. 약속해유."

"그 말 확실하죠?"

"그럼유, 확실해유! 난 이번 일을 겪으면서 절대적인 누군가가 있다는 걸 강하게 느꼈구먼유. 전에는 하나님을 부인했지만, 이제 다시는 하나님을 벗어나서 살지 않으려구유. 덤으로 사는 삶이라고 생각하고 열심히 살아볼게유. 마누래, 그동안 속 썩여서 미안해유. 속 썩인 거 이상으로 잘할게유."

"그래요. 우리 온전히 주님께 돌아가요. 그거면 됐어요. 이 시간 후로 이 교통사고 건에 대해서 서로에게 상처 주지 말아요. 우리에게 큰 교훈을 남긴 고마운 사건으로 기억하자구요. 난 이 사고로 인해 오히려 감사해요."

“내 인생이 내 마음대로 되는 게 아님을 철저히 깨달았구먼유. 생명을 주관하시는 분이 주님이라는 것도 알았구유.”

교통사고 없이 남편이 주님의 살아계심을 깨달았으면 좋았을 텐데, 남편은 많은 물질을 잃고 나서야 생명을 주관하시는 이가 주님이심을 인정하게 되었다.

이후 우리 부부는 손을 잡고 새벽에 내리는 눈을 맞으며 교회에 나가 예배를 드렸고, 수요예배와 금요철야예배까지 드리며 주님과 가까워지려고 노력했다. 얼마 후 남편은 인격적으로 주님을 만났고, 주님을 만난 뒤에는 더 열심히 부르짖으며 기도했다. 일 년 뒤 남편은 한국종합건설을 퇴사했고, 우리는 다시 대전으로 내려왔다.

I LOVE YOU GOD

생명과 물질의 주관자

남편은 토목기사 1급 자격증을 가지고 있었기에 프리랜서를 선언하고 도로공사의 일을 맡아서 하기 시작했다. 첫 번째 일이 천안 톨게이트 확장 공사였다. 이 일은 다른 건설회사에서 공사를 진행하다 부도가 나는 바람에 중단되어 있던 터라 위험부담도 컸고 선지급해야 할 금액도 상당했다.

우리는 오직 기도밖에 할 수 없었다. 불평할 수 있는 상황에서도 불평하지 않았고 우리를 불쌍히 여겨달라고 기도했다. 그러는 중에 건설사가 줄줄이 부도가 나면서 남편이 도로공사에서 받아야 할 현금 10억 원이 법원에 가압류되었고 우리 부부는 더 말이 없어져갔다. 오직 주님과만 대화했다. 주님만 바라봤고 주님이 하실 일을 기대하며 기다렸다.

돈이 없어 어디를 가든 걸어가야 했고 쌀이 떨어져 일주일을 굶기도 했다. 가끔 친구들을 만나 밥을 먹을 때면 하얀 쌀밥을 보면서 이런 생각을 했다.

'지금 먹고 나면 언제 이 쌀밥을 다시 볼 수 있을까?'

3개월 동안 남편과 나는 어느 누구에게도 돈이 없다고 말하지 않고 철저하게 고립된 채 주님만을 바라봤다.

'밥 한 끼라도 배불리 먹을 수 있다면 얼마나 좋을까.'

주일이 되기를 그토록 간절히 기다려 본 적이 없었다. 예배 후에 먹는 점심식사가 마치 최후의 만찬인 것 같은 착각에 빠지곤 했다. 한번은 마지막까지 교회에 남아 쌀독에 있는 쌀을 훔쳐 가려고 비닐봉지를 펼치는데 순간 눈물이 쏟아졌다. 결국 훔치지 못하고 빈 비닐봉지만 들고 성전에 와서 아버지를 부르며 통곡했다.

월요일 새벽예배 시간 내 처지가 하도 불쌍해서 울고 있었는데 목사님은 본인의 이야기를 듣고 내가 우는 줄 알고 사모님과 함께 우셨다. 당시 교회 재정이 부족하여 담임목사님 사례비로 30만 원을 드렸는데 고등학생인 아들과 중학생인 딸을 둔 목사님 가정에서는 늘 생활비가 부족할 수밖에 없었다. 사모님은 어쩔 수 없이 신용카드를 쓰셨고 갚지 못하자 카드를 여러 개 만들어 돌려막기를 하셨는데 이자에 이자가 불어 갚아야 할 돈이 500만 원이나 되었다. 결국에는 사모님이 감당하지 못해 목사님께 털어놓았고 목사님은 막막한 마음에 새벽예배 시간에 이 말씀을 하신 것이다. 곰팡이 냄새만 가득한 깜깜한 지하 교회에서 새벽마다 세 사람의 울음소리만 들렸다.

하루는 너무 배가 고파 아무것도 못하고 침대에 누워 있는데 친구에게 전화가 왔다.

"정희야, 잘 지냈어?"

"응, 오랜만이다. 나야 늘 잘 지내지."

"너한테 염치가 없어서 그동안 전화를 못했어. 너는 내 형편을 알고 선뜻 돈을 빌려줬는데 바로 갚는다고 해놓고선 지금까지 못 줬으니."

"사람이 살다보면 그럴 수 있지. 괜찮아."

"힘든 고비 넘기고 이제 좀 살 거 같아. 이자는 못 주고 3년 전에 빌려간 원금 300만 원은 통장으로 보낼게. 계좌번호 좀 가르쳐주라. 정말 미안해. 그리고 고마워. 3년 동안 돈 빌려주고 갚으라는 말 한 번 안 하는 거 보고 정말 고맙더라. 참 힘들었거든."

"힘든 거 아는데 어떻게 달라고 하냐. 이제라도 형편이 나아졌으니 정말 다행이다. 내가 더 고맙다. 이렇게 연락해줘서."

"지금 바로 입금할게."

나는 당장 은행에 가서 300만 원을 현금으로 다 찾았다. 많은 돈이 갑자기 생기니까 뭘 해야 할지 생각이 나지 않았다.

'우선 남편에게 200만 원 보내줄까?'

'아니야, 쌀부터 살까?'

'당장은 배가 고프니 밥이라도 사 먹을까?'

이 생각 저 생각에 빠져 있는데 새벽에 세 사람이 서럽게 울던 일이 생각났다. 은행 창구 앞 의자에 잠시 앉아 있다가 나도 모르게 일어나 교회로 향했다.

'아버지….'

한참을 넋 빠진 사람마냥 앉아 있다가 강대상 위에 현금으로 찾은 300만 원을 놓고 나왔다. 다시 집까지 걸어가려면 40분 이상을 걸어야 하는데 다리에 힘이 빠져 한 발짝 한 발짝 걷는 게 고통이었다. 집으로 들어서는데 남편이 와 있었다.

"여보! 법원이 내 손을 들어줬어유! 공사비를 찾고 밀린 자재비, 외상값, 인건비 다 정리하고 오는 길이여유. 이제 고생 끝이구먼유. 그동안 미안해유. 여기 1억이여유. 마누래 1억이라구유."

"뭐라고요?"

나는 그대로 바닥에 털썩 주저앉았다. 300만 원을 드렸더니 주님께서는 1억이라는 엄청난 돈을 내 손에 얹어주셨다.

이 일을 계기로 나는 생명과 물질을 주관하시는 분이 오직 주님이심을 알게 되었다. 작은 욕심조차 용납하지 않으시고 전부 던져버리게 하시는 주님으로 인해 두 손이 다 비어도, 나약한 육신으로 인해 아픔과 고통이 함께할지라도 감사하며 웃을 수 있는 여유를 갖게 되었다. 이 땅에서 내 것이 하나도 없음을 알기에….

I LOVE YOU GOD

통장 잔고를 남기지 않을게요

결혼한 지 5개월쯤부터 한 달이나 계속되는 하혈이 유산인줄도 모른 채 첫 아이를 잃었고, 이후에도 세 번이나 유산이 되는 아픔을 경험했다. 자녀를 위해 눈물로 하나님께 간구할 때 주님도 울고 계셨다. 그리고 주님은 부모로부터 버려진 이 땅의 수많은 아이들이 울고 있음을 말씀하셨고, 남편과 나는 입양을 결심하게 되었다. 그렇게 우리는 하은이와 하선이를 입양했다. 입양 당시 하은이는 '간헐성 외사시' 였고, 18개월이던 하선이는 '선청성 폐질환' 으로 병원에 입원해 있었다. 하지만 두 딸의 부모가 될 수 있다는 사실만으로도 우리 부부는 넘치는 기쁨을 주체할 수 없었다.
우리는 하선이가 금방 병을 이겨내고 건강해질 것이라 생각했다. 그런데 하선이가 일곱 살이 되었을 때 폐가 제대로 기능하지 못했고,

병원에서는 병명조차 찾아내지 못한 채 아이를 포기하라고 말했다. 우리는 아이를 살려 달라고 간절히 기도했다. 하선이를 위해서라면 못할 게 없었다. 아이가 사경을 헤매고 있을 때 남편은 모든 사업을 내려놓고 목회자가 되겠다고 주님께 서원을 하였다. 약물에 의지하며 살아가는 하선이의 손을 잡고 남편은 신학대학원에 원서를 냈고 43세의 나이에 신학생이 되었다. 이후 하선이는 하나님의 은혜로 살아났다.

남편이 신학 공부를 하면서 대전에 함께하는교회를 개척할 때였다. 감리교 지방회에서 부평감리교회 홍은파 목사님을 강사로 모시고 부흥회를 한다는 소식이 들렸다.

"이번 부흥회를 하는 목적이 뭐래유?"

"부흥회 기간 중 모인 헌금으로 많은 미자립 교회들을 돕기 위함이라네유."

"지방회가 좋은 일을 하네유. 그럼 한 번도 거르지 말고 참석합시다. 교회 집사님들께 말씀드려 다 참석하라고 말해주슈. 작은 교회를 살리는 일이니까 최선을 다해 헌금하자는 말도 꼭 하구유."

"하은 엄마는 작은 교회를 세우는 일에는 참 열심이에유."

"그러게유. 옛날에는 사람들이 일부러 작은 교회를 섬기려고 큰 교회에 다니다가도 옮겨 가곤 했는데 지금은 작은 교회에서 훈련받고 일만 하려고 하면 모두 큰 교회로 가잖아유. 지방회에서 작은 교회를 돕는다는 취지로 부흥회를 하는 데다 강사님이 그 유명한 홍은파 목사님이잖아유. 작은 교회 목회자들에게 많은 도전이 될 거 같아유. 나도 벌써부터 기대가 되네유."
"지는 이분의 한 가지만 봐도 충분히 존경받을 만한 분임을 알겠더라구유. 감리교단은 지방회 분담금을 내잖아유. 일 년 헌금의 일부를 연회와 지방회에 내는데 서울에 있는 감리교단에서 가장 크다는 교회도 부평감리교회가 내는 분담금을 넘어서지를 못해유."
"부평감리교회가 교인이 많나보쥬?"
"아녀유, 내가 알기로는 현재 3천 명 정도 된다고 들었어유. 감리교단에는 만 명 넘는 대형교회가 있는데 3천 명 교회보다 분담금을 적게 낸다는 거지유."
"그럼, 무슨 이유가 있겠네유."
"그렇다고 봐야지유. 난 목회자로서 이런 부분을 깨끗하게 하고 싶어유. 그래서 처음부터 정확하고 정직하게 우리 교회도 분담금을 내는 거구유."
"사실 우리 교회 형편에 그 분담금은 부담스러워유. 그러니 교회에서 다들 적게 내는 거 아닌감유."
"그러면 우리가 교인들에게 할 말이 없어져유. 교인들에게 십일조를 정확하게 주님께 드리라는 말을 어떻게 할 수 있어유. 교회가 먼저 정직해야 한다고 봐유. 그래서 조금 부족하더라도 인격적인 사람들이 사회의 리더가 되고 목회자가 되었으면 좋겠어유."
"사회의 모범이 되어야 하니까유."
"그렇지유, 그런 의미에서 홍 목사님은 이거 하나만으로도 충분히 존경받을 만한 분이어유. 돈 문제에서 깨끗한 분들은 다른 부분도 보편적으로 깨끗하거든요. 목회자가 돈 부분에서 비밀이 생기고 넘어지면 그때부터는 추하게 변하거든유."
"이번 부흥회가 참 많이 기대되네유. 나두 열심히 참석해서 이분의 참된 삶을 많이 배울게유. 우리 승리합시다."
"그류, 마누래."

드디어 부흥회 날이 되어 목사님의 설교 말씀을 들었다.
"나는 옛날에 우리 아버지가 목사여서 참 가난했어요. 먹고살기도 힘들 정도로 어렵게 살았는데 아버지는 먹고사는 거에는 별로 관심이 없고 오직 목회에만 관심이 있는 분이었어요. 돈을 가져보지도 못했고 목회자가 돈이 있다는 걸 생각도 못했어요. 어려서부터 그렇게 살았어요. 그리고 지금 큰 교회 목사라고 하니까 내가 돈이 많은 줄 아는데, 나 돈 없어요."
"하하하."
"여기 작은 교회 목회자들 많이 있는데요. 통장에 돈 쌓아놓으려고 했다면 목회하지 말아요. 가지고 있는 거 다 주님을 위해 내놓으려는 마음으로 목회해요. 교회에서 뭘 주든 말든 신경 쓰지 말고 열심히 주님만 바라보고 목회해요. 아무도 알아주지 않아도 오직 주님 한 분만 바라봐요."
늘 듣던 말씀이지만 홍 목사님의 말씀에는 진정성이 있어서 가슴에 절절히 박혔다.
"목회자라면 통장에 잔고를 남기지 말아라."

그중에서도 이 말씀은 지금까지도 돈에 관한 내 삶의 지표가 되었다. 3박 4일의 부흥회가 끝나는 날 주님 앞에 부르짖어 기도하라는 목사님의 말씀에 눈을 감고 주님께 한 가지 약속을 드렸다.
"아부지, 우리가 목회자로 사는 동안 우리의 물질을 다음 달로 이월시키지 않을게요. 매달 마지막 날에 돈이 남으면 주님께 헌금하든지, 어려운 이웃들에게 나누는 목회자 가정이 될게요. 아버지 앞에 이거 하나는 약속드릴게요."
지금도 이 약속만큼은 아버지 앞에 철저하게 지키고 있다. 나이가 들면서 날짜 감각이 떨어져 하루 이틀 늦게 헌금하는 날은 있어도 일부러 다음 달로 이월시켜본 적은 없다. 더 중요한 사실은 이월시킬 돈도 없다는 것이지만….

부흥회는 성황리에 잘 마쳤다. 지방회에서 교인들의 헌금으로 작은 교회를 세우고 돕는 데 사용할 거란 생각이 들자 남편이 감리교 목회자란 사실이 자랑스럽기까지 했다.
그런데 며칠 후 남편을 통해 황당한 사실을 듣게 되었다.
"이번에 우리 지방회에서 성지순례를 간다네유. 우리는 개척한 지 얼마 안 되어 나는 경비가 면제고 사모는 내라고 했다나, 아니면 경비의 반만 내고 반은 따로 내라고 했다나. 듣고도 모르겠네유."
"무슨 성지순례? 개척교회 목회자들이 무슨 돈이 있다고…."
"지난번 부흥회 때 모아진 헌금으로 간다네유."
"뭐라구유? 작은 교회를 돕겠다고 한 거 아니였어?"

순간 화가 치밀어 올랐다.
"글쎄, 모르겠네유."
"아니 무슨 그런 경우가 있어. 목회자가 약속은 지켜야 할 거 아니야. 당장 감리사한테 가서 말하슈. 그런 경우가 어디 있냐구!"
"허 참. 나는 목사도 아니구 전도사유. 전도사 말은 들어주지도 않아유."
"성지순례 경비를 전액 다 준다고 해도 가면 안 되유. 교인들은 교회를 세워보겠다고 새벽부터 기도하는데 아직 목사 안수도 안 받은 전도사가 떡하니 성지순례 가겠다고 해봐유. 내가 교인이라도 서운할 거 같아유. 가지 맙시다."
"나도 그런 생각이 들어서 벌써 안 간다고 말하고 왔네유. 실은 감리사님한테 말도 해봤어유. 작은 교회를 세우는 데 사용하겠다고 해놓고선 여행이 뭔 말이냐고."
"뭐라고 하던가유?"
"오히려 화를 내더라구유. 개척교회 목회자들이 돈도 없는데 어떻게 성지순례를 갈 수 있냐고요. 이렇게 해서라도 성지순례를 가면 목회에도 도움이 되고 좋은 거라고유. 그리고 이제 개척한 신임 전도사가 지방회 일에 동참하지 않는 게 더 안 좋은 거라면서 얼굴이 벌게져서 뭐라고 하는데 민망해서 아무 말도 못하고 나왔어유."
"하은 아빠는 목회하는 동안 성지순례는 가지 마시유. 성지순례 안 가고도 삶과 성경말씀이 일치하는 그런 목회자가 되슈. 나이 오십에 목사 안수받겠다고 좋은 직장 다 버리고 지금 여기 있으니 남들 따라

하는 목사 말구 예수님의 3년 사역을 따라가는 그런 목사 되슈. 그럼 내가 뒤도 안 돌아보고 따라갈 테니까."

"마누래 말이 더 무섭네유. 마누래가 따라온다는데 뭐는 못하겠어유. 사람 마음이 수시로 변한다는데 언제 변할지는 나도 모르지유. 그렇지만 삶과 설교가 일치하는 그런 목회자가 되도록 노력할게유. 마누래만 옆에 있으면 할 수 있어유."

"우리 존경은 못 받아도 손가락질 받는 목회자는 되지 맙시다. 그리고 목회자로 살면서 힘없고 나약한 작은 교회 목회자들은 잘 섬기고, 자랑하려고 하고 나서는 목회자들에게는 고개 숙이지 맙시다."

"그러지요."

"그런 의미에서 이번 추수감사절 헌금은 월세로 힘들어 하시는 김 목사님 교회로 전액 보냅시다. 우리 교회 형편이 나아졌을 때 돕겠다고 하면 그런 날은 절대 안 와유. 형편이 나아지면 교회 건축해야 한다고 못 돕는다고 할 거유. 처음부터 절기 헌금은 전액 우리보다 더 작은 교회를 위해 내놓자구유."

"그럼유, 그래야지유. 그러자구유."

홍은파 목사님의 말씀은 지금도 내 머리와 가슴에 꽉 박혀서 우리는 통장에 잔고를 남기지 않으면서 살고 있다.

I LOVE YOU GOD

통째로 날아간 월급

함께하는교회를 개척하고 4년이 지난 뒤에 남편은 목사 안수를 받았다. 목사 안수를 받는 해에 교회 건축을 하고 싶은 마음이 들었다. 교인 수를 세어가며 일 년 재정이 1억이 되면 땅을 사서 건축해야겠다고 생각하고 오직 그 일에만 몰두해 있던 즈음, 주님께서는 나의 가장 소중한 것을 던져버리라는 음성을 주셨다.

남편과 함께 일주일을 작정하며 기도했고 우리는 주님 앞에 가장 소중한, 그리고 어느덧 우상이 되어버린 함께하는교회를 조건없이 내려놓게 되었다. 남편은 4년 동안 모든 걸 쏟아부은 교회의 담임직을 후배 목회자에게 내어주었다.

일 년 정도 제자들교회에서 협력하며 쉬고 있을 때 강릉 중앙감리교회 이철 목사님께서 강릉 아산병원 원목으로 우리 가정을 불러주셨고, 아이들과 함께 살 수 있는 넓은 사택도 제공해주셨다.

교회를 개척하고 나서 형편이 어려운 아이들을 위해 공부방을 열었는데 정식으로 인가는 났지만 정부에서 지원금을 받지 않다 보니 인건비를 주고 직원을 채용할 형편이 안 되었다. 그래서 네 명의 아이들과 남편은 먼저 강릉으로 이사했고, 공부방 아이들과 이별할 준비가 되지 못한 나는 하은이와 요한이만을 데리고 대전에 남았다.

"하은 아빠, 강릉은 재미있나유?"

"아이들이 너무 재미있어 해유. 학교 갔다 오면 아이들하고 경포해변을 자전거로 한 바퀴씩 돌고 있구먼유."

"아이들 이제 머리 깎을 때가 됐을 거예유."

"머리가 많이 길었어유."

"대전에서는 하은 아빠 친구 부인이 그냥 잘라주었는데…. 남자아이들이라 한 달에 한번은 깎아야 하는데 금액이 장난이 아니네유."

"그러게유. 여기서는 아이들 머리 기는 것도 걱정이네유. 허허허허."

"지금 우리 생활비에서 아이들 머리 깎을 돈을 지출할 여유가 없어유. 하은 아빠가 사례비를 사고치는 바람에 더 힘들어유."

"미안하구먼유. 내가 왜 그러는지 그 이유를 모르겠네유."

"나도 이제는 할 말이 없어유. 하은 아빠가 그러고 싶어서 그러는 것도 아니구. 아부지는 나보고 변하라니 내가 변해야지유. 그런데 부탁이여유. 제발 사람들이 하는 말을 잘 듣고 생각 좀 해줘유."

"알았구먼유. 나도 요즘은 신중하게 듣고 있어유."

"그럼 그런 사람들이 또 온다는 거예유? 내가 못살아. 전화 끊어유."

이 통화를 하기 며칠 전, 강릉에 있는 남편으로부터 전화가 왔다.

"마누래, 참 미안해유."

'또 뭐여, 설마 강릉 간 지 두 달 만에 사고 친 거 아녀?'

"…저 그게…."

"빨리 말해유, 성질 급한 사람 숨넘어가게 하지 말고유."

"엄마가 병원에 입원을 한 장애인 아들이 있구먼유. 장애의 몸으로 기특하게 엄마 병간호를 하는 거 같아 처음에는 밥도 사주고 엄마 기저귀도 몇 번 사줬어유. 그렇게 친해져서 원목실도 놀러오구유."

"하은 아빠, 결론만 말해유, 결론만유!"

"그게 사례비를 … 잠깐만 쓰고 돌려준다고 해서… 돈이 적금에 묶여 있다고, 다음 주가 만기인데 이번에 빨리 신학교 등록금을 내야 한다고 해서 일주일이면 주겠다 싶어 먼저 빌려줬어유."

"그런데유? 일주일이 지나도 연락이 없다 그런 얘기지유?"

"진짜 사정이 급박해서유."

"돈 빌리는 사람 치고 사정이 안 급박한 사람이 어디 있어유! 내가 못 살아."

"… 미안해유, 그래서 십일조와 건축헌금, 사택 감사헌금을 못하고 있어유. 마누라가 힘든 줄은 아는데 50만 원이 먼저 필요한데…."

"내가 돈 찍어내는 기계인 줄 알아유? 하은 아빠, 나도 힘들어유! 강릉 가서 첫 사례비는 첫 열매로 드리고 이번 달에 사례비를 받아서 한숨 돌리나 했더니 그것마저 사고를 치면 어떻게 한대유."

"미안해유."

"전화는 해봤남유? 집은 알아유? 찾아는 가봤어유? 그냥 콱 경찰에 신고해버려유!"

"그게, 형편이 어려워유. 카드빚이 하도 많이 연체되어 거짓말을 했다네유. 집도 다 쓰러져가구. 엄마는 병원에 입원해 있고 기초수급비로 겨우 연명하며 살고 있다네유."

"아이고, 성인군자 나셨구만. 어떻게 된 사람이 자기 마누라 힘든 거는 생각 안 하고 세상 사람들 힘든 거만 알아? 나 힘든 거는 왜 모르냐구!"

감정이 복받쳐 전화기를 붙잡고 엉엉 울고 말았다.

"참, 마누래 미안해유, 정말 미안해유."

"나도 도움이 필요한 사람들 다 도와주고 싶다고. 하은 아빠, 나 좀 숨쉬게 해줘. 나도 여유가 있어야 될 거 아냐."

"미안해유. 정말 미안해유."

"도저히 그 돈을 받을 형편은 안 되는 거유?"

"… 사정이 딱해유."

"그럼 거짓말은 하지 말아야지! 차라리 솔직하게 말하고 도와달라고 하면 안 되냐고… 신앙생활도 한다면서."

"거짓말한 그 마음은 얼마나 힘들었겠어유."

"지금 누가 누구 편들고 있어유? 내가 화가 풀린 걸루 보이남유."

전화를 끊고 속이 상해서 공부방 바닥에 주저앉아 엉엉 울고 있는데 남편의 여동생이 들어왔다.

"고모, 오빠가 또 사고쳤어."

"무슨 일인데. 오빠가 또 누구한테 돈 줬어?"

"이번 달 사례비를 전부 털렸어."

"오빠는 맨날 왜 그런데? 그나저나 언니가 이번에도 힘들겠네."

"이미 벌어진 상황을 어떻게 하겠어. 원망할 시간에 빨리 수습하는 게 급선무야."

"어떻게 하려고…."

"성모병원 앞에서 한정식 식당하시는 분 있잖아. 오전에 일을 하게 해달라고 부탁해야지 뭐."

"언니, 몸이 힘들어서 안 돼. 지금도 하루 종일 바쁘잖아. 저녁에 반찬 만들어서 파는 것도 쉬운 일이 아닌데 그 일까지 어떻게 하려고."

"가만있으면 돈이 하늘에서 뚝 떨어진대? 수고를 해야지, 수고를…."

"내가 동생이지만 오빠 진짜 너무 한다. 언니가 여기서 편안하게 노는 줄 아나봐."

"오빠라고 그러고 싶었겠어. 사람들을 향한 긍휼의 마음 때문이지. 그리고 그게 어디 자기 마음이겠어. 아버지가 주는 마음이지."

"언니랑 오빠를 보면서 어떻게 사는 게 바른 삶인지 더 많이 알아가. 내가 도울 거 있으면 말해. 나도 도울게."

"알았어. 그럼 오늘도 새로운 하루를 시작해볼까?"

속이 상해 울고 있다가도 고모와 대화를 하고 있으면 기분이 좋아지곤 했다.

남편의 대형사고로 인해 하루가 어떻게 지나는지 모를 정도로 더 바빠졌다. 하은이와 요한이를 학교에 보내고 정신없이 식당에 가서 일하고, 점심 장사를 마치면 공부방에 와서 아이들과 함께 지내다 저녁 준비를 하며 주문 들어온 반찬을 정성스럽게 만들었다. 그러다 보면 반찬을 가지러 오는 사람들과 공부방 아이들이 한데 어우러져서 하루를 마무리하곤 했다.

금요일 저녁이 되어 강릉에 갈 준비를 하는데 요한이가 말했다.

“엄마, 나는 엄마랑 이렇게 강릉이랑 대전 왔다 갔다 하는 게 재미있고 참 좋아.”

“요한이도 강릉에 있는 동생들과 아빠 옆으로 가고 싶지 않아?”

“가고는 싶은데 엄마랑 이렇게 여행하는 것도 참 좋아.”

“그래. 우리 요한이, 여기서 심리치료 다 끝나고 엄마랑 가을에 강릉으로 가자. 요한이가 그때쯤이면 더 똑똑해지고, 더 멋진 아들이 되어 있을 거야. 물론 지금도 굉장히 멋져. 성품이 아빠를 닮아 차분하고, 인자하고, 엄마를 잘 챙겨주고, 배려를 잘하고, 엄마는 우리 아들이 참 자랑스러워.”

“헤헤헤. 나도 엄마가 참 좋아, 엄마 사랑해.”

“이제 버스 타러 가자.”

하은이가 학교에서 돌아오는 대로 터미널로 가려고 준비를 하고 있는데 전화벨이 울렸다.

“하은 엄마, 오려고 준비하고 있나유?”

“예, 터미널 가려구 하고 있어유.”

“아이들 머리 깎을 수 있게 되었어유.”

“정말로? 어디서? 누가?”

"한 달에 한 번씩 병원에 와서 미용 봉사하시는 김정자 원장님이 계세유. 시온 미용실을 운영하시는데 알고 보니 우리 교회 집사님이더라구유. 이분에게 아이들 얘기를 했더니 그렇지 않아도 인간극장을 보고 우리 아이들 머리를 깎아줘야지 생각을 했대유. 이번부터 깎으러 오라고 하시네유."
"우와! 정말 잘되었네유, 정말 잘되었어. 그 분 누구인지는 몰라도 정말 감사하네유."
"그러게유, 조심해서 올라오슈."
아버지는 늘 그랬다. 힘들고 어려운 일을 겪고 나면 보너스처럼 너무나도 행복한 일을 우리 가족에게 선물로 주셨다. 아이들 이발 문제가 해결되었다는 생각에 콧노래를 부르며 강릉 집에 도착했다.
"하은 아빠, 여기 이번 달 십일조랑 건축헌금, 사택 감사헌금이유. 그리고 한 달 생활비여유."
"어떻게 이걸…."
"한정식 식당 하시는 분에게 한 달치를 먼저 달라고 말했어요. 그리고 이번 주는 잔치 음식을 부탁하는 사람이 있어서 돈을 더 벌었구. 시온 미용실 김정자 집사님 덕분에 이번은 기분이 좋아서 그냥 넘어갑니다."
"고마워유, 마누래. 앞으로는 조심할게유."
"난 하은 아빠 그러는 걸 병이라고 생각했어유. 아버지 앞에 갈 때까지 못 고치는 불치병! 불치병을 어떻게 고치남유. 설마 매달 대형사고는 안 치겠지유. 피곤하네유, 그만 잡시다."

"그류, 마누래."

아이들과 거실에 나란히 누워 베란다 창문 밖의 어두운 밤하늘을 바라보았다. 대전에서는 보이지 않는 별들이 강릉 하늘에서는 유독 반짝반짝 빛났다. 어두운 밤하늘을 수놓은 별들이 반짝이다가 그중 하나가 내 가슴으로 들어왔다.

"딸아, 내가 너에게 간다."

'아, 아버지.'

눈을 감는데 옆으로 눈물이 한 방울 또르르 떨어져 내 가슴에 들어온 별과 만나 하나가 되었다. 거실 가득 물방울과 반짝이는 작은 별들의 향연이 시작되었다. 아름답게 수놓는 별들 위에 나의 눈물방울 하나가 부딪혀 은빛 불꽃축제가 벌어졌다. 별들이 반짝이는 아름다운 축제를 보면서 나는 행복하게 잠들었다.

'아부지… 사랑혀유!'

'딸아, 나도 사랑한다. 내 품에서 편히 자렴.'

I LOVE YOU GOD

복권에 당첨된 기분

남편이 대형사고를 치는 바람에 우리 집은 석 달 동안 주일마다 감사헌금을 할 수 없었다. 주님께 드리고 싶은 마음은 굴뚝 같은데 드리지 못하는 빈 주머니가 야속했다. 남편과 강릉 중앙감리교회 새벽예배에 가서 간절히 기도했다.

'아버지, 나도 헌금이 하고 싶어요. 헌금하게 해줘요.'

얼마나 간절히 기도드렸는지 옆에 누가 다녀갔는지조차 몰랐다. 기도를 마치고 일어나려는데 성경책 위에 봉투가 하나 놓여 있었다. 주위를 둘러보니 뒤에서 인자한 미소를 띠며 기도하시는 사모님이 보였다.

'아버지….'

봉투 안을 보니 5만 원이 있었다. 5만 원권 지폐를 보면서 반가워 눈물이 났다. 신이 나고 감사하고 행복해서 봉투에 그대로 내 마음을 담아 글을 썼다.

'아부지, 감사혀유.'

그렇게 하고 싶었던 헌금을 하게 하신 아버지로 인해 대전으로 향하는 발걸음이 어느 때보다 가볍고 경쾌했다.

"엄마는 강릉에 왔다 가는 길이 그렇게 좋아?"

"하은아, 너는 힘드니?"

"그건 아니지만, 엄마처럼 그렇게 즐겁지만은 않아서. 일단 피곤하잖아. 공부할 시간이 그만큼 줄기도 하고…."

"엄마는 마치 하나님 아버지와 데이트하는 거 같아. 버스 타면서 데이트하고, 걸으면서 데이트하고. 아버지와 함께 있어서 늘 즐거워. 나의 작은 기도에도 응답하시는 주님으로 인해 내 인생이 마치 로또복권을 맞은 거 같아."

"뭐? 로또복권?"

"응. 엄마의 삶 전체는 너희들로 인해 로또복권이고, 아빠로 인해 로또복권이고, 좋은 교회, 좋은 목사님, 좋은 사모님, 좋은 미용실, 좋은 교인들로 인해 로또복권 맞은 기분이야."

"언제는 아빠랑 결혼해서 엄마 인생을 망쳤다고 대성통곡을 하더니만."

"속상할 때는 뭔 말을 못하냐!"

"사람이 항상 변함이 없어야지요. 아빠랑 나처럼."

"그래, 네 엄마는 변덕스럽고 너희 부녀는 변함없어서 참 좋겠다."

"가만 보면 하선이가 엄마랑 똑같아. '모녀는 변덕스럽고, 부녀는 변함이 없다' 라고 말해야겠네."
"내가 너 때문에 못살아."
버스는 어느 틈에 대전 고속버스터미널에 도착해 있었다.

남편과 아이들을 강릉으로 보내고 도저히 혼자서 공부방을 할 수 없어 직장에 다니고 있는 고모를 설득했다.
"고모, 고모도 이제는 주님을 위한 일을 해야지."
"언니, 무슨 말을 하려고 그래."
"고모도 아이들 예뻐하잖아. 고모가 공부방을 운영해주라. 그래야 내가 안심하고 강릉으로 올라갈 수 있을 거 같아."
"언니랑 오빠가 고생하면서 공부방을 붙잡고 있는 이유를 내가 알아. 그런데 난 월급 없이는 못해."
"당연하지, 내년에 지원금을 받고 일할 수 있도록 지역아동센터에 필요한 서류를 고모가 준비해줘. 그럼 교사를 한 분 더 채용할 수 있으니까."
"언니, 그러면 올해는 수입도 없이 공부방을 어떻게 운영하려고 해?"
"메카시스 옥기윤 집사님께 일 년만 더 도와달라고 부탁하려고 해. 메카시스에서 매달 50만 원을 후원하잖아. 그리고 직원들이 급여의 만 원 미만을 후원하는 게 25만 원정도 되니까 합하면 75만 원, 오빠가 강릉에서 사례비를 받으면 50만 원을 입금해줄게. 그러면 공부방 운영비는 되잖아."

“지금 우리가 사용하는 승합차는 메카시스가 계속 빌려준대?”

“응, 그 차는 3년을 렌탈해준 거야. 그러니 더 탈 수 있어. 고모가 올 일 년만 월급 없이 공부방 아이들과 함께해주라. 그럼 내년부터는 작은 월급이지만 받을 수 있을 거야.”

“나야 뭐… 알았어. 언니만큼은 아니지만 나도 최선을 다할게.”

“그동안 정부에서 받은 돈이 없어 서류를 준비하는 게 쉽지 않을 거야. 친하게 지내는 다른 지역아동센터 시설장님들께 물어보면서 서류를 준비해줘.”

“알았어, 언니.”

이렇게 해서 나는 고모에게 공부방을 맡기고 가벼운 마음으로 아이들과 강릉으로 이사해서 온 가족이 함께 살게 되었다.

아부지가 하시면 다 된다

나는 아이들에게 작은 학교를 경험하게 하고 싶었다. 한 반에 30명이 넘는 도시 학교에 비해 인원이 적은 학교에서는 선생님과 매일같이 눈을 맞추며 많은 사랑과 관심을 받을 수 있을 거라 생각했다. 그래서 아이들을 한 학년이 한 반이고, 한 반 학생 수가 열 명인 학교로 전학을 했다. 하지만 여러 사정으로 아이들 마음에 깊은 상처만 주고 다시 전학을 가게 되었다.

새로 전학을 간 임곡초등학교에는 정말 훌륭한 정금자 교장선생님이 계셨다. 이곳에서 아이들은 안정을 찾고 학교 가는 걸 기다릴 정도로 잘 적응해갔다.

"우리 아이들이 임곡초등학교가 좋은가 보네?"

"학교도 좋은데 난 교장선생님이 너무 좋아."

"우와, 우리 요한이! 교장선생님이 그렇게 좋니?"
"아침마다 교장선생님 차 타고 학교 가는 시간이 난 참 좋아. 차 안에서 교장선생님이 좋은 얘기도 많이 해주고 우리랑 즐거운 게임도 하셔."
"너희와 눈높이를 함께하는 분이구나."
"우리랑 고구마도 같이 캐고, 쉬는 시간에 같이 놀아주셔. 난 이다음에 교장선생님처럼 좋은 어른이 될 거야."
"요한아, 그럼 엄마 아빠는 좋은 어른이 아니니?"
"아이, 엄마도 참! 그런 뜻이 아니야. 우리는 가족이잖아. 가족이 아닌 다른 사람을 존경한다는 거야. 내가 외교관이 되면 엄마 아빠가 날 사랑한 것처럼 나도 사람들을 사랑할 거야."
처음 요한이가 우리 집에 왔을 때 퇴행성발달장애로 아이큐가 64밖에 되지 않아 대화 자체가 안 되었고, 아이는 혼자만의 세계에 갇혀 나오려고 하지를 않았다. 그런 요한이랑 언제부터 이렇게 대화가 잘 되었는지 알 수 없지만, 자신을 사랑하고 더 나아가 이웃을 사랑하는 아이로 성장하는 걸 보면서 교장선생님께 무척 감사했다. 아이들이 바르게 성장하기 위해서는 이웃과 학교, 주변 사람들의 사랑과 관심이 필요하다는 걸 새삼 다시 깨닫게 되었다.
"그래, 요한아, 교장선생님이 전근 가시는 곳으로 우리도 옮겨 다니자."
"엄마, 교장선생님 다른 학교로 가셔?"
"응. 선생님들은 한 학교에 있는 기간이 정해져 있어. 교장선생님은 임곡초등학교에서의 임기가 내년 2월이면 끝나서 이제 다른 학교로 가시든지 교육청으로 가시든지 하실 거야."
"난, 교장선생님이 가시는 학교로 전학 갈래."
"엄마도 찬성이야. 교장선생님이 안 계시면 너희들 당장 차량 운행을 해줄 분이 없어. 학교가 멀어서 엄마가 등하교를 책임지기가 힘드니 우리 기도하자."
"응, 엄마. 나도 기도할게."

2011년이 지나고 2012년 1월이 왔다. 그 사이 큰딸 하은이는 장학생으로 뉴저지 유나이티드 크리스천 아카데미(NJ United Christian Academy, NJUCA. 일명 '하나님의 학교'로 불림)에 입학해 내 곁을 떠났다. 교장선생님이 어디로 발령이 나실지 모르는 상태에서 아이들의 앞날에 대해 더 깊이 주님과 대화를 했다.
'아부지, 주님께서 아이들을 책임져주신다고 해놓고, 남들은 한 번도 안 가는 전학을 세 번씩 하게 해유. 이제 어떻게 하냐고유. 교장선생님이 어디로 가시는지 알려줘야 할 거 아녀유. 그래야 우리 아이들도 갈 길을 정하지유.'
답답한 마음에 아버지께 기도가 아니라 떼를 부리고 있었다.
'딸아. 정금자 교장은 내가 다른 큰일을 계획하고 있단다. 그는 학교로 가지 않는다. 아이들의 미래를 위해 더 많이 기도하렴.'
'학교로 안 간다고요? 그럼 우리 아이들은 이제 어디로 가나요? 시내에 있는 학교는 보내기 싫은데유. 아이들이 한두 명이라야 염려를 안

하지요. 자그마치 네 명이여유. 네 명을 한꺼번에 옮겨야 하는데….'
아이들로 인해 걱정이 되어 남편과 많은 이야기를 나누었다.
"허 참. 내가 뭐 아나유. 마누래가 기도하며 결정해유. 그나저나 교장선생님이 학교로 안 가는 건 확실해유?"
"그럼유, 확실해유."
"교장선생님과 통화는 해봤남유?"
"아뉴, 아부지가 말해줘서 확실해유. 그 분을 아부지가 무진장 사랑하시나봐유. 다른 큰일을 위해 학교로 안 간다네유."
"그 분은 잘됐네유. 우리 아이들이 문제지."
"아이들이 정서적으로 힘들고 어려울 때 교장선생님을 만나게 했잖아유. 이제 우리 아이들은 어딜 가도 걱정 없다고 봐유. 다만 아이들의 적성에 맞는 곳이 어디일지 그게 궁금해서 그러지."
"마누래가 기도하며 잘 생각해봐유. 참 오늘 쇼트트랙 결승전이 있는 날인데, 텔레비전 좀 켜봐유."
"아니, 텔레비전 안 보던 사람이 왜."
그렇게 나와 남편은 생각지도 않게 쇼트트랙 경기를 보게 되었다.
"하은 아빠, 우리나라 선수들이 참 잘하네유."
"그럼유, 세계 최강이여유. 체격이 작고 다부져서 오히려 더 유리한 거 같아유. 저거 봐유. 저 날렵함을…."
화면을 뚫어져라 쳐다보는데 선수들이 코너를 돌면서 옆으로 넘어지듯이 미끄러지는 장면이 눈에 들어왔다. 순간 사랑이의 발바닥이 생각났다.

"하은 아빠, 저 경기 종목 이름이 뭐라고요?"
"아이고 놀래라, 나 귀 안 먹었어유. 저 경기가 빙상경기인데 쇼트트랙이라고."
"하은 아빠 잘 봐유. 선수들이 코너를 도는데 거의 넘어지잖아. 사랑이가 발바닥이 바깥쪽으로 쏠려 있으니까 스케이트를 타면 잘할 거 같지 않남유? 그리고 2018년 동계 올림픽이 강원도에서 열리고 빙상경기는 전부 강릉에서 하잖아유. 분명 어린 꿈나무를 양성한다는 의미로 학교에서 아이들을 미리부터 발굴해서 키울 거예유."
"어떻게 하려구유?"
"우리 아이들은 운동을 잘하잖아유. 그냥 다 잘하면 안 되유. 뭔가 한가지를 잘해야지. 내가 볼 때 사랑이는 스케이트를 타는 게 좋을 거 같아. 교육청에 전화해서 빙상부가 있는 학교로 전학을 시킵시다."
"수영부나 체조부 있는 학교는 봤어도 빙상부 있는 학교는…."
"그건 모르지유, 아부지가 하시면 분명 있어. 내가 교육청에 전화해볼게유."
나는 곧장 전화를 했다.
"교육청이지요. 혹시 강릉에 빙상부가 있는 초등학교 있나요? 우리 아이들을 빙상부 있는 학교로 보내고 싶어서요."
"아직 빙상부가 있는 학교는 없는데요. 올해 새로 빙상부를 만들려는 학교는 하나 있습니다. 살고 계신 곳이 어디지요?"
"예, 운정동인데요."
"학교가 좀 먼데… 연곡면에 있는 연곡초등학교입니다. 그곳에 전화해서 문의를 해보세요."
'우째 이런 일이….'
나는 얼른 전화를 끊고 흥분하며 말했다.
"하은 아빠, 봐유. 학교가 있다잖아요. 연곡초래유."
"연곡초면 아산병원 지나서 있는 거니까 병원 가는 길에 데려다 주면 되네유. 그렇게 먼 거리도 아니여유. 학교로 얼렁 전화해봐유."
"방학이라 선생님들이 계실라나 모르겠네."
기대 없이 전화를 했다.
"아이를 전학시키려고 하는데요. 연곡초가 올해부터 빙상부가 생긴다는데 혹시 체육을 담당하시는 선생님과 통화할 수 있나요?"
"아, 그러십니까. 제가 체육 담당 주임입니다. 어떻게 알고 전화하셨습니까?"
"교육청에 문의를 했어요."
"올해 빙상부를 창설하는데 다음 주부터 스케이트를 잘 탈 수 있을지 두 주간 전지훈련을 할 생각입니다. 그럼 어머니 아이도 이번 훈련에 참여시키시지요."
"그럴게요. 다음 주 월요일에 스케이트장에서 만나죠. 감사합니다."
전화를 끊고도 흥분이 가라앉지 않았다.
"하은 아빠, 세상에나 이런 일이…."
"말을 해유. 말을."
"다음 주부터 스케이트 전지훈련을 한대유. 빙상부에 들어올 아이들을 미리 테스트한다는 거야. 스케이트는 학교에서 주니까 강습비만

내라네. 연곡초 학생들은 강습비도 안 받는데 우리는 학교가 다르니까 강습료는 내라고 하는 거 같아. 강습만 받고 전학을 안 가면 학교 입장에서도 난감하니까. 난 사랑이가 좋다면 이 학교로 전학시키고 싶어유. 하은 아빠는?"

"나야, 마누래가 하자고 하면 그대로 따르지유."

이튿날부터 매일같이 사랑이를 데리고 스케이트장에 가서 연습을 시키며 월요일을 기다렸다.

드디어 약속한 날짜가 되어 연곡초 체육 주임선생님과 스케이트장 김종학 부장코치님과 만나는 자리에서 먼저 사랑이 다리 이야기를 꺼냈다.

"사랑이가 태어날 때 안짱다리로 태어나 수술을 두 번이나 하고 발바닥 안쪽은 땅바닥에서 떨어져 있어요. 그래서 걷는 것도 엉성하고 발목이 가늘어요. 이런 다리로 쇼트트랙이 가능한지요?"

"사랑이 다리 좀 먼저 볼게요."

유심히 다리를 만져보고 발바닥을 보시던 코치님께서 빙그레 웃으셨다.

"어머니, 쇼트트랙은 코너를 많이 돌아요. 여기 사랑이 발바닥을 보세요. 코너를 돌 때 옆으로 많이 미끄러지는데 사랑이는 발바닥이 바깔쪽으로 되어 있잖아요. 일직선으로 달릴 때는 모르겠는데 코너를 돌 때는 이런 발바닥을 가진 아이가 더 유리할 수 있어요. 제 경험상으로요."

"정말이죠? 너무 감사합니다. 저는 사랑이가 쇼트트랙을 하겠다고 하면 무조건 시킬 거예요."

인사를 열 번도 넘게 하고 집으로 돌아오는 차 안에서 또 눈물이 나왔다.

'아부지, 감사혀유.'

'딸아, 아무것도 염려하지 말라고 하지 않았니? 너희 아이들의 모든 단점을 장점으로 바꿔주마. 아무것도 염려하지 말고 오직 나와 내 나라를 위해 기도하렴. 나를 사랑하고 네 이웃을 사랑해라.'

'아부지, 내가 다 할게. 아부지가 하라는 거 내가 다 할게.'

사랑이는 두 주간의 전지훈련을 모두 마쳤다.

"사랑이는 자세가 안정적이고 운동신경도 있어요. 무엇보다 어린 나이에 이렇게 체계적으로 배울 수 있는 아이들이 그렇게 많지 않아요. 운동하면 잘할 거 같아요."

"감사합니다. 정말 감사합니다. 그런데 다음 주면 우리 집에 아들이 한 명 더 오는데요. 얘도 사랑이랑 같은 나이예요. 그 아이도 전학을 해서 쇼트트랙을 시키려고 하는데요. 가능한지요?"

"그럼요, 가능해요. 우선 학교에 얘기하세요. 그런데 아이들을 왜 쇼트트랙을 시키려고 하시는지…."

“우리 아이들은 모두 커서 한 가족이 되었어요. 다음 주에 오는 아이도 지금 아홉 살이고요. 내면과 성격이 다 형성되어 만나게 된 거지요. 그런데 아이들에게는 지난 시간들에 대한 아픔이 있어요. 그게 정서적 산만함이나 공격성, 애정 결핍 같은 걸로 나타나더라고요. 운동이나 음악, 미술 쪽이 공부보다 아이들에게 더 안정적으로 작용하는 걸 우리 집 다른 아이들을 보면서 알게 되었어요. 운동이 내면의 좋지 않은 힘을 분산시키는 역할을 할 거라는 생각이 들어요. 아이들에게 좋은 영향이 될 거예요.”

“저도 그런 생각이 드네요. 그럼 다음 주에 오는 아이도 데리고 와보세요.”

“네, 감사합니다.”

그렇게 해서 다니엘을 포함한 우리 집 네 명의 남자아이들 모두 아이들의 적성과 행복한 학교생활을 위해 연곡초로 전학하여 새로운 학기를 맞이할 준비를 하고 있었다.

“엄마, 난 그냥 시내에 있는 큰 학교로 가면 안 돼?”

“요한아, 동생들과 함께 가자. 엄마가 볼 때 너는 큰 학교보다는 작은 학교가 더 맞을 거야. 전교생이 25명이던 학교에 있다가 한 반에 30명이 넘는 학교에서 지내려면 힘들어. 요한이한테 좋은 학교가 될 거니까 엄마를 믿어봐.”

“나는 내가 공부를 얼마나 잘하는지 아이들이 많은 데 가서 확인해보고 싶어.”

“요한아, 너는 진짜 공부 잘해. 그리고 엄마가 말했잖아. 세상을 살면서 공부는 그렇게 중요하지 않아. 오히려 공부보다 중요한 게 더 많아. 엄마는 요한이가 너무 공부에 매달리지 않았으면 좋겠어."

"엄마, 나는 공부만 잘하잖아. 다른 건 별로 잘하지도 못하고."

"무슨 소리야. 요한이는 달리기도 잘하잖아, 축구도 잘하고! 그리고 엄마를 가장 잘 도와주는 살림꾼이잖아. 엄마에게 우리 요한이는 공부만 잘하는 아이가 아니라 공부도 잘하는 아이야. 요한이는 뭐든지 잘해. 그리고 뭐든지 잘하지 않아도 엄마에겐 최고의 아들이야."

"헤헤헤. 알았어, 엄마. 공부하는 거에 너무 신경 쓰지 않을게. 그럼 나도 동생들과 같이 가는 거지?"

"그럼, 요한아. 분명 너에게 안성맞춤인 멋진 학교가 될 거야."

아이들 전학 문제로 연곡초 교장선생님을 찾아뵙고 상담을 하게 되었다.

"강릉 시내에서 전학을 오려면 거주지가 이쪽이 되어야 하지만, 아이들을 위해 이렇게 최선을 다하시는 부모님도 계신데 학교가 그런 거 하나 해결 못하겠습니까. 학교장 재량으로 할 수 있는 일입니다. 걱정하지 마시고 전학시키세요."

"감사합니다."

"그리고 아이들 스케이트 하는 데 필요한 경비는 강원도 스케이트연맹과 학교가 대부분 책임을 지겠습니다. 사랑이와 다니엘이 운동을 한다고 했지요."

"네, 감사합니다. 교장선생님."

감사하다는 말밖에는 할 말이 없을 정도로 그저 감사하고 또 감사했다. 집에 돌아와 남편과 기쁜 소식을 나누었다.
“하은 엄마두 참 대단해유. 아이들이 아직 어린데 각자 특기를 살리는 거 보면유.”
“대단한 거는 아니구유. 갑자기 맹자의 어머니가 생각나서유. 남편을 일찍 보내고 여자 혼자 자식을 키우기 만만찮은 그 옛날에 오직 자식 한 명 바르게 키워보겠다고 이사를 세 번이나 한 걸 생각하면서 나도 지금 시대의 맹모삼천지교를 꿈꿔볼라구유. 혹시 압니까? 십 년 뒤에 맹모삼천지교가 아니라 사모삼천지교가 되어 있을지? 하하하.”
“사모는 뭔 사모유? 목사 사모유?”
“목사 사모가 아니라 사랑이 ‘사’ 자에 어미 ‘모’ 자 해서 ‘사모’ 지유. 히히히.”
“말이 되네유. 허허허, 십 년 뒤에 사모삼천지교 한 번 맹글어봐유.”
“나도 그럼 이참에 극성 엄마 대열에 합류해볼까나.”
“참, 정금자 교장선생님은 교육청으로 발령이 나셨대유. 아주 좋은 부서루유.”
“어디루?”
“선생님들 교육하고 연수하는 곳인데 교수 부장님이시라네.”
“봐유? 내 말이 맞지. 그 분은 강원도 교육 발전에 큰일을 하실 거예유. 아이들로 인해 감사한 마음을 담아 더 열심히 기도하자구유.”

아이들이 강릉으로 이사 와서 조금씩 안정이 되고 학교생활에 잘 적응하는 걸 보면서 은근히 내가 자녀교육을 잘하고 있다는 자부심도 생겼다. 기도를 열심히 하자고 말은 하면서 아이들을 위한 기도보다는 내가 잘하고 있다는 인정을 받고 싶은 기도를 주님께 올려드렸다.

'아부지, 그래도 내가 아부지 말도 잘 듣고 아부지가 하라는 대로 잘 하잖아유. 그러니까 아이들도 저렇게 잘 자라구유. 그게 다 내가 아부지 말을 잘 들어서….'

'딸아, 너는 또 자식을 키우면서 너의 공로를 앞세우는구나.'

'아부지, 나를 앞세우는 게 아니라 말이 그렇다는 거지요. 그냥 웃자고 한 말이여유. 그럼 이렇게 바꿀게유. 하부삼천지교, 됐지유?'

'하부삼천지교라고?'

'하나님의 '하'자와 아비 '부'자를 합쳐서 하부삼천지교유. 아부지가 이사하게 하셨고 전학하게 하셨으니까 하부삼천지교하면 되는 거지유? 이제 됐쥬?'

'허허허. 그 놈이 날 웃기네. 허허허!'

'아부지, 저도 아부지 땜에 맨날 웃어유. 아부지 사랑혀유.'

행복하면 웃어야 하는데 너무 행복하면 눈물이 나는 이유는 뭘까?

아부지와 나의 웃음소리가 온 집을 가득 메우고 하늘로 울려 퍼졌다.

나는 사람들에게 감동을 주는 삶을 살고 싶다.
내가 만나는 모든 사람들에게 주님의 가장 따뜻한 사랑을 전하기 위해
나는 오늘도 이 자리에 서 있을 것이다.
이것이 아버지께 올려드리는 나의 고백이고 주님을 향한 나의 사랑이다.

Part 02

하나님의 심부름꾼이 되어

I love you,God!

I LOVE YOU GOD

당신의 마음이 머무는 곳에

"사모님, 지금 제가 강원도 오대산켄싱턴호텔에 와 있습니다. 아이들하고 여기서 같이 점심을 하고 싶은데요."

이랜드복지재단 정영일 국장님의 반가운 전화였다.

국장님과의 인연은 하은이가 초등학교 5학년 때 시작되었다. 하은이가 하도 가족 여행을 하자고 졸라서 이랜드복지재단에서 주최하는 '사회복지사 가정을 위한 3박 4일 리프레쉬투어' 에 신청해서 설악산 켄싱턴호텔에서 꿈 같은 가족 여행을 했다. 그 후로 국장님은 매년 한두 번은 우리 아이들에게 맛있는 짜장면을 사주기 위해 집에 찾아 오셨다.

"당연히 가야지요. 국장님께서 오셨는데요. 그럼 이따 뵐게요."

대전에서 공부방을 운영할 때 국장님은 남편에게 복지관 관장직을 제의했었지만 우리는 거절했고, 그 일 후 1년 반 만에 다시 만나는 자리였다.

"사모님, 이제는 두 분이 우리 재단으로 들어오셨으면 합니다. 전에는 목사님의 관장직만을 제안했는데 이번에는 사모님도 함께 일을 해주셨으면 합니다."

"우리가 할 일이 뭐 있나요."

"목사님은 복지관 관장으로 나가실 때까지 재단에 과장급으로 출근하셔서 일을 배우시고요. 사모님은 현장간사를 해주시면 어떨까 싶습니다."

"현장간사가 무슨 일을 하는데요?"

"몇 년 전부터 회장님께서 사람을 세워서 직접 현장에 나가 어려운 사람들을 돌아보라고 하셨어요. 몇 사람을 세워봤지만 모두 우리 재단과 맞지 않아서 아직까지 자리가 비어 있어요. 도움을 필요로 하는 사람들에게 긍휼의 마음으로 다가가 그들의 아픔을 치료해줄 사람을 찾는 게 생각보다 쉽지 않더라고요. 그런데 사모님 생각이 났어요. 아픔이 있는 아이들을 모두 밝고 건강하게 키우고 계시잖아요. 그게 바로 우리가 원하는 나눔의 삶이거든요."

"참 좋네요. 우리가 하고 싶었던 일이고요. 강릉에 와서 동사무소에 문의해 몇 분의 독거 어르신들을 찾아 뵙고 집 청소도 해드리고, 밑반찬 만들어 드리고 말벗도 되어주고 있는데, 실은 이런 일을 더 하고 싶었어요. 그런데 당장 여유가 없어서 못하고 있었어요. 제가 일을 하고 재단이 도와주면 정말 좋지요."

"이 일을 위해서는 서울로 이사를 오셔야 합니다."

"우리는 집이 없는데요?"

"온 가족이 함께 살 수 있는 넓은 집을 저희가 준비하겠습니다. 그리고 사모님이 전국을 누비며 다니실 수 있도록 차도 준비하고요. 그냥 오시기만 하면 됩니다."

"… 우리에게 시간을 주세요. 교회도 병원도 하루아침에 그만두고 나올 수 있는 자리는 아니잖아요. 지금 2월이니까 올 여름방학 전까지 시간을 주세요."

"네, 그럼 승낙하시는 걸로 알고 기다리고 있겠습니다. 사모님이라도 먼저 합류하셔서 일을 하시지요."

"강릉에서 서울까지 매일이요?"

"서울 재단 사무실에는 일주일에 한 번만 오시고요, 나머지는 사모님을 필요로 하는 사람들 곁에 계시면 됩니다. 그곳이 어디든 상관없어요. 가까운 강원도부터 시작하시면 되겠네요."

"사람들을 만나면서 치료비가 필요한 사람들은 치료비를 신청하고, 생활비가 필요한 사람들은 일시적으로 생활비를 신청하면 되는 거지요?"

"그럼요, 그렇지만 자활 자립의 가능성이 있는 사람을 신청해야 하는 원칙이 있어요."

"예, 알겠습니다. 그럼 다시 연락해요."

정영일 국장님과 만남 후 남편과 많은 이야기를 나누었다. 하선이는 얘기를 듣자마자 서울에 간다고 좋아했다.

"엄마, 정영일 아저씨가 우리 가족이 살 수 있는 넓은 집을 주신다잖아! 그럼 엄마도 돈 벌고 아빠도 돈 벌어서 우리 옛날처럼 부자 되는 거 아니야? 아빠가 관장님이면 복지관에서 제일 높은 거잖아. 대박!"

"하선아, 좀 조용해봐. 엄마랑 아빠 얘기 좀 하게."

"얘기할 게 뭐가 있어? 그냥 가는 거야! 우리 가족이 이제 서울로 가는 거라고! 난 좋아. 무조건 좋아."

"그게 그렇게 쉬운 일이 아니야. 아빠가 이곳에서 하는 일이 있는데."

"그건 아빠 아니고 다른 사람도 할 수 있어. 우리 가자, 서울."

"하은 엄마, 기도합시다. 난 그렇게 기쁘지만은 않네유."

"하은 아빠 말처럼 쉬운 결정은 아니네유. 그류, 기도하자구유."

함께하는교회를 나오기 전 남편과 일주일을 각자 기도했던 것처럼 이번에도 일주일을 각자 기도했다. 그렇게 일주일이 흘렀다.

"하은 엄마, 나는 아무래도 아산병원을 두고 못 가겠네요. 연세 드신 간병사들이 누나 같고 부모님 같고 내 가족 같다는 생각이 머릿속에서 떠나지를 않아유. 그리고 강릉 중앙감리교회에서 봉사 오시는 권사님들께 뭐라고 말한대유. 더 좋은 자리가 나서 여기를 버리고 간다고 어떻게 말하남유. 마누래만 그곳에서 일할 수 있는지 알아보면 안 되남유."

"그 먼 거리를 어떻게 나만 가서 일해유. 길에다 버리는 시간이 너무 아깝잖아유. 실은 나도 마음이 불편했어. 우리 가지 맙시다. 그냥 이곳에서 아이들 키우고 어르신들 섬기며 삽시다."

대화를 마치고 곧바로 정영일 국장님께 메일을 보냈다. 가지 못하는 이유를 잘 설명하고 안타까운 마음을 적어 보냈더니 바로 답이 왔다.

사모님의 마음이 머무는 곳에 아버지의 마음도 머물고,
사모님의 발길이 닿는 곳에 아버지의 발길도 닿게 해주십시오.
우리 이랜드의 가족이 되어주십시오.
사모님의 가는 그 길을 우리가 돕겠습니다.

이 글을 읽는데 마음이 또 요동 치기 시작했다. 마치 아버지가 주시는 말씀이란 생각이 들면서 남편과 상의도 하지 않은 채 답장을 보냈다.
"할게요, 하겠습니다. 최선을 다해 이웃을 섬기겠습니다."
메일을 보내놓고 남편을 설득했다.
"하은 아빠, 주님의 일을 하면서 이 일은 우리에게 맞고 저 일은 안 맞고 그런 거는 없잖아요. 이 일도 우리가 좋아하는 사람들을 섬기는 일이고요. 그리고 하은 아빠가 사회복지 1급이 된 이유가 복지와 목회를 함께 하고 싶어서 그런 거 아닌감유."
"난 무슨 직위를 가지고 일을 하고 싶은 게 아니라 나를 필요로 하는 사람들과 함께 있고 싶은 거예유. 복지관 관장이다 그런 거 아니구유."
"하은 아빠가 하고 싶은 일을 하는 거지유. 그 자리가 그냥 복지관 관장인 거지유. 지금 목사라는 이름으로 일을 하는 것처럼."
"난 지금 이 자리가 좋네유. 하은 엄마가 그렇게 하고 싶다면 할 수 없지유."

온갖 말로 남편을 설득하고 마지못해 답을 받아내어 3월 셋째 주부터 서울 이랜드복지재단으로 출근했다. 그리고 거기서 내 인생의 또 다른 가족을 만났다. 미스코리아보다 예쁜 신소라 대리, 내 아들 삼은 이준동 인턴, 이웃을 향한 아름다운 마음을 지닌 김진원 인턴, 얼마 전까지 함께 일한 백의성 간사 등 모두가 세상을 향한 따뜻한 마음을 지닌 자들이었다.

현장간사로 일하면서 나는 도움을 요청하는 곳이면 전국 어디든 달려갔다. 그동안 아이들은 모두 남편이 책임졌다. 나는 도로에서 잠을 자고, 밥을 먹고, 휴게소에서 이를 닦으며 아버지의 마음으로 이웃들에게 다가갔다.

그렇게 일을 한 지 한 달이 조금 넘어서자 혼자서 하기에는 무리라는 생각이 들었다. 그리고 무엇보다 어려운 사람을 찾아내어 이랜드복지재단에 연계하는 일은 아버지가 기뻐하시는 일인데 돈을 받고 한다는 게 죄송스럽기까지 했다. 그것도 250만 원이나 되는 큰돈을 받으면서!

"국장님께서 간사님이 타시는 차를 좋은 걸로 구입하자고 하시네요."

"좋은 거는 뭐."

"아무래도 전국을 다니셔야 하니까 승용차보다는 승합차가 낫겠죠?"

"소라 대리, 연비도 생각하고 고속도로 통행료도 생각해서 소형차로 하면 어떨까. 이랜드 일 년 수익의 10퍼센트로 어려운 이웃을 돕는데 재단에서 일하는 직원들이 좋은 차를 타고 다니면 안 되지. 우리의 열심을 보고 직원들이 기부를 하는 건데. 국장님께 말해. 난 모닝이 제일 좋다고."

어느 날 창전동 이랜드 사옥 주차장에 회색 모닝이 주차되어 있는 걸 보고 직감으로 알았다. 앞으로 내가 탈 차라는걸.

"깜찍한 모닝아, 앞으로 잘해보자. 사고 없이 나를 필요로 하는 사람들에게 데려다줘."

사람 좋은데 이유가 없듯 나는 그냥 차인표 씨가 참 좋다. 그의 선한 눈이 좋고, 열심히 사는 모습이 좋고, 사람을 사랑하는 방식이 마음에 들었다. 텔레비전을 잘 보지 않지만 차인표 씨가 나오는 드라마는 꼭 보려고 노력했다. 그리고 그가 후원자로서 열심히 활동하는 국제어린이양육기구 '컴패션' 에도 남다른 관심과 애정을 가지고 있다가, 컴패션을 통해 인도에 사는 아홉 살 여자아이 '아르쉬딥' 을 후원하기로 결정했다.

사실 매달 정기적으로 내는 후원금은 우리 가계에 부담이 아닐 수 없었다. 게다가 물가 인상으로 인해 후원금을 3만 5천 원에서 4만 5천 원으로 인상한다는 안내 공지를 보면서 계속 후원을 해야 하는지 아니면 그만 끊어야 하는지 마음속으로 갈등이 되었다.

그즈음 하은이도 중학생이 되었고 늘어나는 아이들의 의료비와 식비도 만만치 않았다. 그리고 이미 다른 곳에도 후원을 하고 있어서 우리 여덟 식구의 한 달 생활비 30만 원에서 매달 8만 5천 원을 외부로 후원하게 되면 거의 반찬을 해먹지 않아야 될 상황이었다.

하은이와 하선이, 나와 남편이 한참을 상의한 끝에 인상을 해도 후원해야 한다는 결론을 얻었다. 우리 가족이 반찬을 한 가지 먹지 않고도 행복지수가 높아질 수 있다면 당연히 행복지수가 높은 쪽을 선택하는 게 우리의 계산법이었다. 우리는 만장일치로 컴패션을 통해서 인도 아이를 후원하기로 했다.

아이의 가족사를 전해 듣고 예쁜 아이의 사진을 받으면서 우리 가족이 얼마나 좋아했는지 모른다. 그때만 생각하면 아직도 가슴이 설렌다. 또 다른 딸이 생긴 기쁨에 온 가족이 며칠을 행복해 했다. 그날 이후 아르쉬딥은 우리 아이들 사진이 걸려 있는 벽에 당당하게 하민이의 언니이자 하선이의 동생으로 자리잡고 있다.

처음에는 내가 좋아하는 차인표 씨 때문에 시작한 후원이지만 시간이 지나면서 비참하게 살아가는 전 세계 어린이들의 현실을 보면서 가슴이 아파왔고 작은 참여가 지난 날 우리나라가 어렵던 시절 외국의 누군가에게 도움을 받았던 은혜를 조금이나마 갚는 길이라는 생각이 들었다. 누군가에게 도움을 받으면 열 배로 갚으라는 돌아가신 친정 엄마의 가르침도 생각났다.

세계 모든 아이들이 멋진 미래를 바라보며 행복하게 공부하고 뛰어놀기를 바라며 우리 가계의 어려움을 뒤로하고 '아르쉬딥' 을 계속해서 후원했다. 반찬은 형편없이 줄었지만 우리 가족의 사랑은 한 뼘 더 자라고 있었다.
우리나라 나이로 초등학교 2학년부터 후원하기 시작해서 아르쉬딥이 중학교에 들어갈 때쯤 되니 아이의 미래에 대한 생각이 들기 시작했다. 아르쉬딥을 한국으로 데리고 와서 제대로 된 신앙교육을 받도록 하여 본국으로 다시 파송하면 우선 언어가 되니까 더 많은 일을 감당할 수 있을 거란 생각이 들었다. 그런 생각이 점점 커지자 국민일보 이태형 소장님께 말씀을 드렸다.
"참 좋은 생각이네요. 제가 컴패션 대표를 잘 알아요. 그 분과 한번 이야기해볼게요."
"꼭 부탁드려요."

한 달을 기다리고 드디어 답이 왔다. 아르쉬딥의 부모님이 아직 아이가 어리니 부모인 자신이 데리고 있고 싶다면서 아르쉬딥의 한국행을 거절하셨다.
"아부지, 아르쉬딥을 데리고 오려고 가지고 있던 돈 250만 원은 어디에 사용할까요?"
며칠 뒤 아버지는 이 돈의 사용처를 알려주셨다.
"저어…."
함께하는공부방 윗층에 사시는 베다니교회 전도사님 사모님께서 공부방으로 내려오셨다.
"어, 사모님 내려오셨네요. 무슨 일이 있는 건 아니지요?"

"저어, 그게 아니고요. 뭐 좀 여쭤보고 싶어서요."

"말씀하세요."

"저기 혹시 이랜드복지재단에서 이런 일도 돕나 해서요."

"말씀해보세요. 도울 수 있는 일이라면 도와야지요."

"복음교회 아시지요. 그 교회 안에 복음신학대학원이 있는데 외국에서 목사 안수를 받은 분들을 이곳에서 공부시킨 다음 다시 본국으로 돌아가 선교하게 하고 있어요. 그중에서 아프리카에서 오신 피델 목사님이라는 분이 계신데요. 아프리카에 계신 사모님이 남편이 없으니까 굉장히 힘든가 봐요. 목사님도 아이들을 너무 보고 싶어하고요. 그래서 학교에 얘기해서 공부하고 있는 동안 가족을 한국으로 데려오고 싶어 해요."

"한국에 오면 어디서 살고요?"

"2층에 방이 하나 비어 있어요. 동생이 살던 곳인데 인테리어도 되어 있고 방 안에 화장실도 있어요."

"그럼 필요한 게 뭐가 있나요?"

"항공료와 현지 수속에 필요한 경비가 하나도 없어요. 혹시 이랜드복지재단에서 비행기 티켓을 끊어줄 수 있나 해서요."

"그런 일은 안 해요. 형편이 어려운 사람들에게 치료비를 주거나 일시적으로 생활비를 지원해주는 일을 하거든요. 피델 목사님 가정은 이런 취지와는 맞지 않아서요. 그렇지만 전도사님과 사모님께서 방을 내놓으면서까지 꼭 돕고 싶은 분이라면 도울 길을 찾아봐야지요."

아주 짧은 시간 아버지가 내게 하시는 말씀이 있을 거란 생각이 들었다. 이유 없이 이런 이야기를 듣게 하시는 분이 아니니까….

"제가 실은 인도에 사는 아르쉬딥이라는 아이를 후원하고 있어요. 그 아이를 한국에 데려오면 좋겠다는 마음이 들어 필요한 경비를 모았어요. 250만 원인데 이것을 피델 목사님을 위해 내놓을게요."

"사모님께 도와달라고 하는 게 아니에요."

"아니에요. 어차피 이 돈을 쓸 데가 없어졌어요. 아르쉬딥의 부모님이 아이를 안 보내겠다고 하셨거든요. 그래서 이 돈을 어떻게 사용할지 기도하고 있었어요. 복음교회가 아주 큰일을 감당하고 있네요. 생각이 참 앞서가네요."

"선교 현지에서 오신 분들이 다시 본국으로 돌아가서 사역을 하니까 오히려 더 좋은 영향력을 끼치는 거 같아요."

"맞아요. 제가 아르쉬딥을 데려오려고 한 이유도 그거예요. 우리가 선교하겠다고 나가지만 실패하고 돌아오는 분들이 너무 많잖아요. 그 분들이 믿음이 없어 그러겠어요? 모두 타문화에 대한 어려움과 물질적인 어려움, 그리고 무엇보다 언어 문제지요. 현지인을 오히려 주님의 일꾼으로 잘 가르쳐 다시 본국으로 파송하면 한국 선교사님 서너 분보다 훨씬 많은 일을 할 거예요. 그러니 사모님께서는 미안해하지도 마시고, 고마워하지도 마세요. 오직 아버지가 하시는 일이니까요. 피델 목사님께 경비를 구했으니 가족을 데려 올 수 있도록 최선의 준비를 하라고 해주세요."

"갑자기 피델 목사님이 부러워지네요. 하나님의 사랑을 많이 받으시는 분이잖아요."

"하나님께서는 사모님도 무진장 사랑하세요. 사모님의 모든 기도에 응답해주실 거예요. 지금까지 묵묵하게 남편의 길을 내조하셨고, 베다니 공동체 안에서 순종하며 살고 계시잖아요."

"감사해요. 자꾸 눈물이 나네요. 저도 아버지가 그렇게 사랑하실까요?"

"그럼요, 사모님! 걱정마세요. 지금도 보세요. 사모님이 피델 목사님에 대해 말씀해주지 않았다면 제가 어떻게 알겠어요. 사모님을 통해서 주님은 일하고 계세요."

"그러네요. 저도 더 많이 기도해야겠어요. 더 많이 사용해달라고요. 피델 목사님께 얼른 알려야겠어요. 정말 감사합니다."

"저에게 감사해하지 마세요. 오직 주님께만 영광입니다."

비록 아르쉬딥이 오지는 못했지만 상관없었다. 오직 아버지가 원하는 일만 하면 되니까.

I LOVE YOU GOD

첫 월급으로 한 외식

이랜드복지재단에서 일한 지 20일쯤 지나 나에게도 내 이름으로 된 통장에 월급이란 게 들어왔다. 한 달을 채우지 못해서 250만 원의 월급 중 150만 원이 지급되었고, 보험료를 제한 125만 원이 들어왔다. 그동안 교회에서 사역하면서 사례비를 받은 적은 있지만, 사회에서 직장을 잡고 월급을 받은 게 언제인지 생각하니 까마득했다.

이랜드는 모든 직원들에게 '이삭줍기 헌금' 이라고 해서 급여의 끝부분을 복지재단으로 기부하는 문화가 자리 잡고 있다. 만 원 단위 기부와 천 원 단위 기부가 있는데 나도 기도하며 십만 원 미만의 남은 돈을 기부했다.

그리고 30만 원은 재단에 기부하여 열 살 된 여자아이의 치료비로 사용하게 했다. 십일조와 감사헌금을 빼고 컴패션과 사회복지공동모금회에 기부금을 보내고 나니 51만 원이 남았다. 첫 월급 기념으로 근사한 데 가서 밥은 못 먹더라도 아이들에게 삼겹살이라도 실컷 구워주고 싶어서 기도했다.

"아부지, 오늘 우리 아이들과 삼겹살 먹고 싶은데 가능하지유?"

"…."

아무 말씀도 없으신 아부지에게 재차 여쭤보았다.

"아부지, 일 년에 한두 번 하는 외식을 오늘 하면 안 되냐고요. 삼겹살 파티는 해도 되잖아요."

"사랑하는 딸아, 남아공에서 오는 피델 목사 가족에게 250만 원은 아무래도 부족한 거 같다. 50만 원을 더해서 300만 원을 보내주면 안 되겠니?"

"아니, 아부지. 아르쉬딥이 한국에 오면 쓸라고 가지고 있던 돈을 다 준다고요. 일부를 주는 게 아니고요. 만약 부족한 금액이 있으면 피델 목사님이 영어 과외를 해서 감당하겠지요. 그것까지 제가 해줄 이유는 없잖아요."

나는 아이들과 삼겹살 한 번을 배불리 먹어보지 못하게 하시는 아부지가 다른 사람들의 필요는 너무 잘 챙겨주신다는 생각에 은근히 속이 상했다. 말하기 싫어 고개만 숙이고 있었다.

"딸아, 그들에게는 5만 원도 없구나. 그들 가정은 꼭 도와줘야 되는데… 딸아!"

"…."

왜 이렇게 가슴이 아프고 눈물이 흐르는지 주체할 수 없어 한참을 울고 있는데 나를 안고 함께 울고 계시는 주님이 보였다.
"아부지, 저밖에 없는 거지유. 이번에도 저밖에…."
아부지와 나는 눈빛으로 서로 이야기를 주고받았다. 아부지의 깊은 눈빛 안에 내가 있고, 내 눈빛 안에 아부지가 들어와 계셨다.
울음을 그치고 자리에서 일어나 300만 원을 그 자리에서 바로 피델 목사님께 보내고 나니 만 원이 남았다.
"얘들아, 우리 맛있는 거 사먹자. 엄마가 만 원 안에서 팍팍 쏠게. 뭐 먹고 싶어?"
"우와! 엄마, 어묵하고 떡볶이 먹자."
눈치 빠른 다니엘이 가장 저렴한 메뉴를 말했다. 만장일치로 우리 가족은 단골 포장마차에 가서 어묵과 떡볶이를 먹었다.
"엄마, 나 엄청 행복해."
"요한아, 뭐가 그렇게 행복해?"
"엄마가 힘들게 일해서 번 돈으로 우리에게 맛있는 걸 사주는 거잖아. 그러니 행복하지."
"형, 형은 엄마 아빠가 맛있는 거 사줘서 행복한 거야? 난 아니야."
"햇살아, 너는 그럼 지금 안 행복하냐?"
"그게 아니고 난 이렇게 온 가족이 함께 있어서 행복해."
"엄마, 옛날에 하은 언니가 한 말을 지금은 동생들이 하고 있어. 사랑하는 내 동생들아, 옛날에 이 누나랑 하은 언니가 다 했던 말이란다. 너희들 아주 어렸을 적에."

"맞아. 너희들 어렸을 때 누나들이 한 말이야. 특히 미국에 있는 하은 누나가 가족과 함께여서 행복하다는 말을 자주했어."
아이들은 누가 먼저랄 것도 없이 서로의 입에 어묵을 넣어주면서 웃고 있었다. 우리 가족의 행복한 모습을 지켜보며 빙그레 웃고 계시는 아부지를 보면서 나도 빙그레 웃었다. 온가족이 국물까지 정신없이 먹고 나서 계산을 했다.
"얼마에요?"
"어묵이 6천 원, 떡볶이 4천 원 합쳐서 만 원입니다."
주머니에 있던 만 원을 꺼냈다.
"아부지, 만 원 가지고도 이 많은 식구가 배불리 먹을 수 있는데, 괜히 삼겹살 먹는다고 해서 너무 미안해유. 잠깐이라도 아부지 마음 아프게 해드려서 너무 미안해유. 앞으로는 먹는 거 가지고 아부지한테 대들지 않을게요."
"딸아, 고맙다. 정말 고맙다. 어묵과 떡볶이를 먹으면서도 함께여서 행복해하는 너희들이 진정한 가족의 의미를 모든 사람들에게 알려주렴."
"아부지, 사람들이 내가 이렇게 말하면 그렇게까지 살 필요가 있냐구 해유."
"나를 위해 그렇게 산다고 말하렴. 가진 게 없어도 행복한 이유가 오직 나 때문이라고."
"그럼유, 아부지. 저는 오직 아부지 때문에 이렇게 살아유. 오직 아빠 때문에유."

"딸아, 내가 너를 사랑한다. 너의 가족을 사랑한다."
"저도 아부지 엄청 사랑하는 거 알지유. 아부지, 알러뷰여유."
아버지 말을 안 듣고 고집을 부려 아이들과 삼겹살을 먹었다면 피델 목사님께 선교비도 다 못 보내드리고, 하나님으로부터 사랑한다는 말도 못 들었을텐데, 순종함으로 두 가지를 모두 얻었으니 나에게 너무나도 큰 축복의 날이었다.

그리 아니하실지라도

코오롱에서는 매년 숨은 봉사자들을 찾아 우정선행상을 시상하는데 나도 2008년 대상을 받은 적이 있다. 이후 코오롱에서 발간하는 사보가 집으로 배달되어 해마다 어떤 분들이 상을 받는지 알게 되었다. 사보에서 시상 소식을 본 지 얼마 지나지 않아 코오롱 재단에서 전화가 왔다.

"윤정희 선생님, 잘 지내시지요?"

"그럼요! 잊지 않고 전화를 주셨네요."

"우리가 윤정희 선생님을 어떻게 잊겠어요. 늘 기억에 남아요. 가끔 텔레비전에서도 보고 있고요."

"아, 네."

"다름이 아니라, 누군가가 윤정희 선생님을 후원하고 싶다는데요."

"우리는 후원을 받지 않아요. 마음만 감사히 받을게요."
"이번에 코오롱 우정선행상 시상을 했는데 그중 한 팀이 그동안 상을 받으신 분들 중에 특별히 돕고 싶은 분이 있는지 물어보셨어요. 선생님 생각이 나서요."
"아니에요. 정말 말만 들어도 감사해요."
"그럼 추천하고 싶은 분이 있으신지요?"
"추천할 분은 있지요. 제가 받은 이듬해 대상을 받으신 베다니 공동체의 박훈 목사님이요."
"호호호. 저도 그 분을 추천하실 거라고 생각했어요. 제가 목사님께 직접 전화드려볼게요."
"네, 감사해요. 목사님께서 공동체를 운영하시는 데 큰 도움이 될 거예요. 제가 다 감사하네요."
전화를 끊고 나서 약간의 아쉬움이 남았다.
'내가 그냥 받는다고 할 걸 그랬나.'
하지만 이내 잊어버렸다.
이틀 뒤에 모르는 번호로 전화가 왔다.
'누구지….'
"여보세요, 윤정희 선생님이십니까?"
"네, 전데요."
"안녕하세요. 저희는 이번에 코오롱에서 상을 받은 봉사단체입니다. 들으셨겠지만 상금으로 2천만 원을 받았는데 그중 천만 원을 윤정희 선생님과 베다니 공동체에 각각 500만 원씩 드리려고 합니다."

"…."

"많은 돈은 아니지만 좋은 일에 사용하면 참 좋을 거 같아서요."

"저, 박훈 목사님하고는 통화해보셨나요?"

"이 전화를 마친 후에 하려고 합니다. 이번 주 토요일, 대전에 가는데 직접 뵐 수 있을까요?"

"제가 강릉으로 이사를 왔어요. 이번 주 토요일은 강릉에 일이 있어서 못 내려가고요. 대전에 가면 아이들 고모가 있는데 베다니 공동체 목사님과 함께 만나시면 되겠네요."

마음은 안 받는다고 하면서도 입술은 벌써 약속 시간과 장소를 잡고 있었다. 전화를 끊고 나서 500만 원에 약해지는 내 모습을 바라보며 실망을 금치 못했다.

'정희야, 처음에 안 받는다고 했잖아. 500만 원이라니까 좋아서 덥석 받는다고 한 거니?'

'아니, 그게 아니라 그래도 내가 베다니 공동체 얘기도 해서 결국 둘이 같이 받게 되었잖아. 나 혼자서 천만 원을 받을 수 있는 건데 그래도 목사님을 생각한 거잖아.'

'그래도 그렇지. 처음부터 후원 안 받겠다고 했잖아. 갑자기 500만 원이라니까 너 목소리가 달라지더라.'

'아니, 내가 무슨 목소리가 달라졌냐. 난 평상시와 똑같이 받았거든!'

'너, 좋아서 흥분했어. 갑자기 그 큰돈을 쓸 데가 어디 있다고.'

'대전 공부방 도배도 하고 장판도 갈고, 당장 여름방학에 아이들과 캠프도 가야 하는데 돈이 없잖아. 받아서 좋은 곳에 사용하면 되잖

아. 하늘 아부지가 이렇게나 큰돈을 주실 때는 이유가 있을 거야. 난 그렇게 믿어.'

나 혼자 자문자답을 하면서 변명을 늘어놓았다.

얼마 후 통장에 500만 원이 들어왔다. 그런데 막상 돈이 들어오고 나니 욕심이 생기기 시작했다. 당시 방학을 맞이하여 오게 될 하은이의 비행기 티켓비로 일부 사용하고 싶단 생각도 들었고, 하은 아빠를 위해 멋진 양복도 한 벌 사주고 싶었다. 그렇게 이틀 정도는 돈이 있다는 생각에 신이 났는데 3일째부터 은근 부담스러웠다.

'이렇게 큰돈이 들어왔는데 왜 아부지가 아무 말씀도 안 하시지?'

4일째부터는 가시방석에 앉아 있는 것처럼 불안했다. 급기야 일주일이 지나자 엎드려 빌기 시작했다.

"아이고, 아부지! 돈 여기 있어유! 아부지가 쓰도록 해주셔야지유. 내 힘으로는 쓸데가 하나도 없구먼유. 아부지, 돈 쓰게 해줘유."

열심히 기도하고 있는데 전화벨이 울렸다.

삼척 교육청의 사회복지사 선생님이었다.

"선생님, 잘 지내시지요!"

"급하게 전화할 데가 윤정희 간사님밖에 없어서요."

"무슨 일이신데요?"

"일주일 전 삼척에 가스 폭발 사고가 있었어요."

"그런 일이! 제가 뉴스를 못 봤네요."

"주일 아침에 작은 교회에서 사모님이 교회학교 아이들에게 찐빵을 쪄준다고 가스 불을 켜는데 그만 가스가 새면서 폭발을 했어요. 사모님과 그 자리에 있던 아이들이 모두 중상을 입고 치료를 받고 있는데 이랜드복지재단에서 도움을 줄 수 있나 해서요. 여러 곳에서 도움의 손길을 주고 있는데 워낙 병원비가 많이 들어가 이렇게 전화를 했어요."

"제가 현장에 먼저 가볼게요. 지금 출발하겠습니다."

사고 현장으로 가는 차 안에서 재단의 백의성 간사와 전화를 했다.

"삼척에서 폭발 사고가 있었대. 난 지금 가는 중이야. 다친 아이들과 사모님이 한림병원에 입원 중이라고 하는데 병원 사회복지팀 복지사와 통화해서 상황을 알아봐주라."

"네, 간사님, 우리도 이곳에서 최선을 다해 도울 수 있는 방법을 알아볼게요. 그리고 국장님께도 보고드리겠습니다. 잘 다녀오세요."

"알았어, 사진 찍어서 보낼게. 이따 다시 통화하자!"

가스 폭발로 교회 교육관 건물이 까맣게 타 재로 변한 현장을 보면서 당시의 고통과 긴박함을 볼 수 있었다.

'주여, 주여!'

주님만을 부르며 사진을 찍는데 복지재단 홈페이지에 사연을 올려 모금을 하면 좋겠다는 생각이 들었다. 바로 백의성 간사에게 전화를 했다.

"이 사연을 재단 사이트에 모금함으로 올리자. 개인별로 지원해줄 수 있는 것도 아니고 치료비 지원으로 신청하는 것도 어려울 것 같으니 모금함으로 올려서 두 배의 금액을 지원하면 더 좋을 거 같아. 재단에서 회의하고 연락줘. 사진은 메일로 보냈어."

"간사님, 저도 힘써볼게요. 현장에 가서 직접 보시니 마음이 더 안 좋으신가 봐요."

"사고 당한 아홉 명의 아이들 가정을 다 돌면서 많이 울었어. 제대로 도와주지 못하는 내가 아무 의미 없는 사람인 거 같고, 손을 잡고 도와달라는데 도울 능력도 없고…."

"아, 간사님! 저도 애써볼게요."

현장에서 찍은 사진과 병원에서 치료받고 있는 아이들의 사진을 보냈더니 모금 사이트에 가스 폭발 현장의 사연이 올라갔다.

'아부지, 제가 할 일은 이제 끝인가유.'

'딸아, 할 일이 또 있지 않니?'

'무슨 일이유? 아, 그 돈이유. 아부지 500만 원 얘기하는 거지유.'

화재 현장에 있으면서 정신없이 왔다 갔다 하느라 잊어버리고 있었던 500만 원이 생각났다. 날짜를 돌려서 생각해보니 500만 원을 받던 날 삼척에서는 가스 폭발이 났다. 그리고 내가 그 돈 때문에 스트레스를 받고 힘들어할 때 삼척교육청 사회복지사 선생님이 전화를 주었다.

"아부지, 이렇게 미리 다 준비하시는 분이 그날 가스 폭발을 막을 수 있지 않았남유. 차리리 사고가 나지 말게 하시지. 사고 난 아이들과 그들의 가정을 어쩌면 좋나유."

화상의 고통이 얼마나 큰지 알기에 아부지를 붙잡고 떼를 쓰면서 울었다. 작은 시골 교회에 간 아이들이 그것도 주일 아침에 그 큰 사고를 당했으니 전도하기가 쉽지 않을 거란 생각이 들어 나도 모르게 아부지에게 화를 내고 있었다.

"아부지, 말 좀 해줘유. 속 좀 시원하게유. 적어도 예수님을 믿는 우리에게는 그런 아픔을 주면 안 되잖아유. 교회 안에서 그런 끔찍한 사고를 당하고 지금 그 교회 사모님은 생명이 위독하다잖아유. 아부지, 말 좀 해줘유."

그냥 눈물이 흘렀다. 고통 속에서 신음하는 그들을 위해 내가 할 수 있는 게 하나도 없었다. 그저 기도하면서 우는 거 외에는….

일주일 동안 내 삶을 피폐하게 만든 500만 원은 주인을 찾아 떠나갔다. 그 돈의 주인은 따로 있었는데 잠시 내가 주인이 되어 좋아하다, 걱정하다, 나중에는 불안해지기까지 하면서 돈의 의미를 더욱 알게 되었다. 내 주머니에 들어와 있는 돈은 불안의 대상일 뿐임을, 오직 주님이 필요로 하는 곳에 사용될 때 진정 가치가 있는 것임을….

그로부터 열흘이 지났다. 이랜드 전 직원이 참여하는 아침 모임에 보복지재단을 알리는 강의를 하러 서울로 향했다. 일찍부터 재단 직원들이 사무실에 나와 있었다.

"간사님, 아침부터 나오시느라 피곤하지 않으세요?"

언제 봐도 아름다운 신소라 대리가 환하게 웃으면서 다가왔다.

"아니야, 이랜드 직원들이 복지재단이 운영하는 기부에 참여할 수 있다면 아무리 피곤해도 달려와야지. 그게 내가 할 일인데…."

"참, 삼척 가스 폭발 사고의 모금함이 완료됐어요. 간사님 덕분이에요."

"무슨 소리야. 재단에서 그만큼 신경 써준 거지. 빨리 완료되었네."

"그러게요. 모금함 사이트가 생긴 이래 가장 많은 모금액이라 걱정했는데 많은 분들이 동참해주셨어요."
"여기 50만 원 더 모금함에 넣어주라."
"무슨 돈이에요? 설마 또 간사님이?"
"아니야, 이 돈은 하선이 수학공부방 정동주 선생님 부부가 기부해달라고 주고 갔어. 처음에 기부 사이트에 1500만 원을 하자고 했잖아."
"1400만 원도 엄청 많은 거였잖아요. 간사님께서 500만 원을 기부하셔서 금액이 올라간 거잖아요."
"기부한 금액의 반을 재단에서 다시 기부하니까 난 가능할 거란 확신이 있었어. 열흘 만에 완료된 거봐."
"그러게요. 그럼 이 돈이랑 재단에서 나오는 50만 원을 합쳐서 1500만 원을 기부하는 거로 할게요. 처음에 간사님이 말씀하신 그 금액으로요."
"고마워. 조금이라도 더 도움이 되면 좋을 거 같아."
많은 사람들이 조금씩 힘을 보태주고 사랑과 관심을 보내주어 그들의 상처와 아픔이 치료되길 바라는 마음으로 이곳저곳에 삼척의 작은 교회 이야기를 했다. 급기야 국민일보 이태형 소장님께 전화를 해 소식을 알렸다.
"사모님, 제가 목사님과 통화해볼게요. 저도 인터넷으로 본 거 같아요. 사모님은 소천하셨다죠?"
"네, 며칠 전에요. 감사하게도 아이들은 모두 치료받고 조금씩 나아지고 있어요. 두 명만 중상이라 퇴원을 못하고 나머지 아이들은 모두 통원치료를 받고 있어요. 어린 아이들이라 회복이 빠른 거 같아요. 그런데 병원비가 어마어마한가 봐요. 의료보험도 안 되니까요. 많은 교회들이 도와주면 참 좋겠어요. 예수 믿는 우리가 도와주면 아이들에게 조금이나마 위로가 되지 않을까요."

"그래요, 적극 알려볼게요."

"늘 감사해요, 소장님."

"당연히 해야 할 일인데요."

바로 이튿날 국민일보에 삼척의 작은 교회 이야기가 실리면서 많은 사람들이 이 사실을 알게 되었고, CBS와 CTS에서도 모금 방송을 통해 아홉 아이들의 병원비가 감당되었다는 소식을 듣게 되었다.

사고를 당하신 삼척의 교회 목사님께 전화를 드렸다.

"도우려고 애쓰신 얘기 들었습니다."

"아닙니다. 목사님. 더 돕지 못해 죄송합니다."

"저는 다시 교회로 돌아왔습니다. 제가 있어야 할 자리가 여기인 거 같아서요."

"아, 목사님!"

"아내를 천국으로 보내고 방송을 보는데 너무나도 부끄러웠습니다. 우리 모습이 사실과 다르게 미화되어 나가서 저를 아는 사람들에게 얼굴을 못 들겠더라고요. 이런 일을 겪고 나니 알았어요. 제가 얼마나 나약한지, 그리고 주님께 얼마나 감사한지요."

"…."

사고 현장을 다녀와서 아버지께 떼를 쓰며 매달리던 일이 생각났다.

난 아직도 아버지께 화가 나 있는데 이분은 오히려 주님께 감사하단다. 사랑하는 아내를 떠나보낸 아픔이 남아 있는 그곳에 목사님은 여전히 자리를 지키고 계신다. 눈물이 흐른다. 울면서 아부지에게 고백해본다.

"아부지, 그리 아니하실지라도 사랑혀유."

심부름꾼의 불평

부산의 각 구청에 들려 사회복지사들에게 복지재단의 인큐베이팅 사업에 대해 알리고 지원받을 사람이 있는지 알아보는 중 남구청에서 사회복지사로 근무하는 김수진 사모님을 만났다.

"간사님, 그럼 인큐베이팅의 사업은 크게 두 가지로 나뉜다는 거지예?"

"예, 맞아요. 하나는 치료비 지원 사업이고요, 또 하나는 갑자기 가정이 해체될 위기나 어려움이 생겼을 때 일시적으로 생활비를 지원해주는 위기가정 지원 사업이에요. 이 두 가지 중 해당사항이 되는 분들은 재단으로 신청서를 써서 내주시면 저희가 서류 심사를 하고 직접 방문을 해서 지원이 필요한 가정을 돕고 있어요."

그 분은 자신의 담당 구역에 있는 한 목사님 가정의 사연을 말씀해주셨다.

"한 목사님 가정이 몇 달째 봉고차 안에서 살고 계시는데요."

"어떻게 그런 일이…."

"작지만 아담한 교회에서 목회를 하시던 분인데요. 재정 담당 집사님과 몇 분이 목사님 인감을 몰래 사용한 게 잘못되어 교인들은 다 흩어지고 교회와 사택도 다 내어주게 되었어요. 지금은 봉고차 안에서 식사하시고, 공중화장실에서 씻으시면서 아주 어렵게 살고 있어요. 이 분을 도울 방법이 없을까요?"

"자신은 없는데요. 우선 위기가정으로 신청해보세요. 저도 신청서가 들어오면 재단에 얘기해볼게요. 그리고 오늘은 제가 경주와 대구로 올라가야 하니까 다음에 와서 그 가정을 한번 방문해볼게요."

"그럼 얼마를 신청해야 하나요?"

"2개월 정도의 생활비를 신청해보세요."

"예, 알겠어요. 잘될 수 있도록 기도할게요."

"가장 중요한 거는 그 분들이 살 수 있는 공간 아닌가요? 임시로라도 생활할 수 있도록 빈 집을 알아봐드려야 하는 거 아닌지…."

"네, 그 문제는 목사님이 사시는 주민센터 동장님께서 알아보고 계세요. 주변에서 도우려고 하고 있어서 잘될 거 같아요."

"목사님께서 살 집이 생기면 연락주세요. 저도 궁금하니까요. 그럼 서류를 빨리 넣으세요."

"예, 정말 감사합니다."

"제가 감사하지요. 이렇게 어려운 이웃을 위해서 최선을 다하고 계신데요."

며칠 뒤 다시 부산 남구청을 찾았다.

"간사님, 김인동 목사님 댁은 빈 집이 있어 이사하셨어요."

"그래요, 정말 잘되었네요. 그럼 오늘은 목사님 가정을 방문해볼까요?"

"제가 간사님 오신다고 말해놨어요. 같이 가요."

목사님이 사신다는 곳은 부산에서도 대표적인 산동네인 벽화 마을이었다. 산 위로 올라갔다가 다시 좁은 길을 따라 내려가니 낡은 판자집이 눈에 들어왔다.

"이번에 목사님 가족이 이사 오신다고 저렇게 파란색으로 칠한 거예요. 집 안에 화장실이 없어서 공동화장실을 써요."

"그럼 씻는 공간도 없나요?"

"아니요. 씻는 곳은 있는데 변기가 없어요."

"아이들이 고생이네요. 그러게 교인들을 그렇게 믿으면 어쩐대요."

"그래도 절대 교인들 원망은 안 하세요."

"이상하게 세상은 그렇게 좋고 착한 분들이 꼭 어려운 일을 당하시더라고요. 제가 더 속이 상하네요."

목사님의 얼굴을 보자마자 한눈에도 선한 분임을 알 거 같았다.

'아부지, 이런 분들은 선하게 사니까 좀 잘 살게 해주면 안 되나요. 아이들은 무슨 죄냐고요.'

들어서면서부터 내 안에서 불만이 터져나왔다.

"먼 길 오시느라 얼마나 힘들었습니까."

"아닙니다, 목사님. 목사님이 아이들과 함께 이곳에서 힘드시죠."
목사님의 두 아이들은 부산외국어고등학교를 졸업하고 연세대 의예과를 지원했는데 둘 다 떨어져 재수를 하고 있었다.
"우리가 형편이 이래서 아이들 가르치기가 참 힘이 드네요. 공부할 시기에 힘든 일을 겪고 큰애가 연세대에 떨어지고 재수해서 작은 애랑 시험을 봤는데 이번에 또 떨어졌다 아입니꺼. 다 부모를 잘못 만나서 저렇게 고생을 하네예."
"점수에 맞게 학교를 가면 될텐데 연세대를 꼭 가야 하는 이유가 있나요?"
"의예과가 등록금이 비싸잖아요. 연세대를 가야만 학비를 지원하겠다는 사람이 있어서요. 공부를 참 잘했는데 봉고차 안에서 생활하니까 아이들이 집중력이 떨어진다 아입니꺼."
책상에 앉아 있는 목사님의 딸에게 다가갔다.
"공부하기 힘들지?"
말 한마디에 아이가 내 손을 잡고 엉엉 울기 시작했다. 울고 있는 아이를 안고 아버지 앞에 기도하기 시작했다. 내가 할 수 있는 것은 그저 아이와 아픔을 함께 나누며 우는 것밖에 없었다. 목사님, 사모님, 방에 있던 모두가 엉엉 울기 시작했다.
"목사님, 억울하지 않으세요?"
"아입니더, 그렇게 한 그들은 얼마나 힘들겠십니꺼. 저야 이렇게 살면 되지요. 아이들도 아직은 잘 자랐구요. 괜찮심더."
목사님과 두 시간 정도 대화를 하면서 불만이나 불평은 한마디도 들지 못했다.
차를 타고 강릉으로 올라오는 길에 내가 괜히 억울해서 아버지에게 따지며 대들었다.
'아부지, 저렇게 착하고 좋으신 분에게 왜 저런 고난을 주시는 겁니까? 너무 하잖아요.'
'딸아, 너는 아이들로 인해 지난 시절 그렇게 힘들어도 묵묵하게 잘 견뎌오지 않았니? 내 아들도 묵묵하게 잘 견뎌낼 거다. 이 땅에서 받는 고난은 나의 나라에서 받는 상이 큼이니라.'
"그래도 저렇게 힘들게 하지 마시고 조금은 편안하게 살게 하시면…."
기어들어 가는 목소리로 나는 마지막까지 아버지께 툴툴거렸다.
다행스럽게도 위기가정 지원 대상자로 선정되어 3개월 동안 생활비를 지원받는 기쁜 일이 생기면서 그나마 마음에 위로가 되었다.
"아이고 사모님, 너무 감사합니데이. 감사합니데이."
"목사님, 저에게 감사하지 마시구요. 이랜드에 감사하시고 그리고 주님께…."
주님께 감사하라는 말을 하려다 더 말이 안 나왔다. 이런 상황에서 주님께 감사하라는 말이 과연 맞는 말인지 의문이 생겼다.
"아이고, 하나님께도 감사하지요. 우리 주님은 저를 결코 버려두는 분이 아입니더."
"… 주님께 감사가 나오세요?"
"그럼요, 하모요. 저는 늘 주님께 감사합니데이. 이런 환경에서도 아이들이 고등학교도 졸업했고 그나마 봉고차가 있어서 비도 피하고 바람도 피하지 않았습니꺼. 없는 거에서 주님을 더 많이 바라보게 되었어예. 주님께 받는 사랑이 크고 놀라움을 날마다 체험하며 삽니다. 그래서 참말로 감사하네예."

"빨리 봉고차에 가압류 들어온 거 푸시고, 어디 학원 차량으로 들어갈 수 있는지 알아보세요. 그나저나 아이들이 이 여름에 잘 견뎌줘야 할 텐데요. 제가 할 수 있는 게 하나도 없네요. 목사님, 그저 기도하겠습니다."

"사모님, 감사합니데이."

진심으로 감사하시는 목사님을 뵈면서 '대체 저 분은 어떤 상황이 되어야 불평을 할까?' 싶은 생각이 들었다. 그에 비해 아버지가 당장 응답해주지 않으면 나 죽는다고 소리치는 내 모습을 바라보며 참으로 부끄러웠다.

이후 현장에서 사람들을 만나면서도 늘 부산 목사님 가정이 생각났다. 어려운 환경에서 공부하는 아이들에게 학습지 한 권도 못 사주고, 삼계탕 한 그릇도 대접해주지 못하는 나의 형편에 화가 났다.

"아부지, 돈 좀 줘유. 많이도 말고 30만 원만 줘유. 애들 책값하고 몸보신할 수 있는 식사라도 한끼 대접하게유. 이 여름이 가기 전에… 아부지…."

그러던 어느 날, 하선이가 다니는 수학공부방 정동주 선생님 가족이 우리 집에 놀러왔다.

"사모님, 우리 공부방에 3개월 정도 학원비가 밀려 있는 아이가 있었어요. 그 집 형편이 어려워 안 받아야겠다 생각했는데 오늘 아이 엄마가 늦게 줘서 미안하다면서 밀린 학원비를 가지고 온 거예요. 그래서 어차피 안 받으려고 한 거니까 좋은 일에 써야지 하는데 사모님 생각이 나서 가지고 왔어요. 사모님이 알아서 써주세요."

"아니, 뭘 이런 걸 다…."

"공부방을 위해서 기도도 많이 해주시는데 해드리는 것도 없고 날마다 마음만 앞서고 속상해요. 흑흑흑."

"아니 갑자기 혼자 말하고 혼자 우냐… 사람 환장하겠네."

"저는 목사님 사모님에게 정말 잘하고 싶어요."

"잘하고 있잖아, 얼마나 더 잘하냐. 그리고 우리가 이렇게 대접을 잘 받으면 나중에 올라가서 아부지한테 혼나. 아부지가 '정희야, 너는 세상에서 대접 다 받고 올라왔으니 여기서는 받을 거 없다' 이러시면 어떻게 하냐."

"저는 더 하고…."

"이보다 더 잘하면 그땐 아버지가 하실 일이 없어지셔. 우리가 사람의 힘으로 모든 걸 다 해봐. 그럼 아버지는 무슨 일을 하실 수 있겠어. 아버지가 하실 일을 남겨놓고 지금처럼만 해. 시골에서 가져온 농산물도 나누고, 하선이 공부도 그냥 봐주고 있잖아."

"정말 감사해요. 이 돈은 사모님께서 꼭 필요한 곳에 사용해주세요."

"그래, 고마워. 내가 이 돈은 받을게. 대신 앞으로는 안 돼. 알았지?"

"네, 사모님."

"어, 울다가 웃으면 어떻게 되는데. 화장실 가서 확인해봐."

"하하하하."

"호호호호."

이들 가정이 놓고 간 돈은 45만 원이었다. 귀한 돈임을 알기에 아버지 앞에 간절히 기도했다. 그런데 갑자기 부산의 김인동 목사님이 떠오르면서 여름이 가기 전에 삼계탕이라도 사주고 싶다고 말했던 것이 생각났다.

"아부지, 나 이 돈 부산의 목사님께 보내고 싶어유. 5만 원은 정동주 선생님 가정을 위해 주님께 헌금하고 나머지 40만 원은 목사님께 다 보낼께유."

"딸아, 마음대로 하렴."

나는 곧장 부산의 김수진 사모님께 전화를 했다.

"사모님, 잘 지내시죠. 김 목사님 계좌번호 좀 알고 계시면 문자로 보내주세요. 제가 돈이 조금 생겼는데 아버지가 목사님께 보내라네요."

"사모님, 우리가 해야 할 일을…."

"누가 할 일이 따로 있나요. 서로 마음이 움직이는 대로 하는 거지요."

"목사님께서 좋아하시겠어요. 바로 문자로 보내드릴게요. 너무 감사해요."

"저는 심부름꾼이잖아요. 하늘 아부지의 심부름꾼. 중간에서 심부름만 하는 거예요."

"호호호호. 사모님, 무슨 말씀인지 알겠어요."

부산의 목사님께 바로 돈을 입금해 드리고 문자를 보냈다.

'아버지가 불평 없이 감사만 하시는 목사님을 굉장히 사랑하심을 알겠어요. 지금은 힘드시겠지만 분명 좋은 날이 올 줄 믿어요. 주님께 더 많이 기도하겠습니다. 저에게도 불평하지 않는 마음을 주셨어요. 감사합니다. 목사님.'
문자를 보내고 주님 앞에 나가 말했다.
'아부지, 매 순간마다 불평 없는 믿음으로 아부지만을 믿으며 살아야 하는데… 저도 목사님 같은 믿음으로 아부지 앞에 늘 감사만 할게요.'
'딸아, 지금 너의 모습이 참 예쁘구나. 나는 지금 너의 모습 그대로를 사랑한다.'
'아부지, 정말이지유. 고맙구먼유, 그리고 열라 사랑혀유!'
'허 참, 나도 열라 사랑한다, 내 딸아!'

I LOVE YOU GOD

하늘에 퍼지는 웃음소리

초등학교에 다니는 현이를 만난 건 지난봄이었다. 몸에서는 냄새가 났고 옷은 몸에 맞지 않아 보였다. 이랜드복지재단에서 멋진 옷과 생필품을 사주겠다고 하니 아이는 곧바로 나를 예쁜 아줌마라고 부르며 좋아했다. 나는 현이의 손을 잡고 아이의 엄마를 만나기 위해 집으로 갔다.

현이 엄마는 교통사고 후유증과 남편의 폭력으로 온몸이 망가진 채 아이 손만 잡고 친정집으로 왔다. 할머니와 할아버지는 두 모자를 반기기는 했지만 물질적으로나 정신적으로 아무 도움이 되지 못하는 그저 가난한 시골 노부부에 불과했다. 몸과 마음이 병든 딸과 아빠의 폭력으로 인해 극심한 정서 장애를 안고 있는 손자를 안고 우는 게 할아버지 할머니가 해줄 수 있는 전부였다.

“아빠가 엄마를 매일매일 때렸어요. 엄마도 울고 저도 울었어요.”
물어보지도 않았는데 현이가 힘들었던 지난 일들을 마구 토해내며 우는데 현이 엄마와 할머니도 함께 울면서 힘들어하셨다.
내가 가장 잘하는 것이 바로 아픈 사람의 이야기를 들어주고 맞장구 쳐주며 함께 우는 거다. 한참 이야기를 들은 뒤 손을 잡고 웃으면서 이랜드복지재단에서 아이의 물품을 구입해준다고 하니 온 가족이 무척이나 좋아하셨다.
연로하신 할아버지가 물고기를 잡아 번 돈으로 다섯 명의 식구가 살기에는 너무 힘들어보였다. 함께 방문한 강릉교육청 양종숙 선생님에게 이 가정이 수급자가 될 수 있는지 여부를 알아봐달라고 부탁했고 바로 면사무소에 문의를 했다.
그 과정에서 이미 이 가정이 수급자로 선정이 되어 있으며 아빠가 수급비를 받아 사용하고 있음을 알게 되었다. 모자가 독립된 가정으로 분리하기까지는 약간의 시간이 걸려 그동안 필요한 최소한의 생활비를 위해 복지재단의 인큐베이팅 위기가정으로 신청해 190만 원을 지원받았다. 현이 엄마는 이렇게 큰돈을 어떻게 써야 할지 모르겠다며 내 손을 잡고 한참을 울었다.
그 뒤로 3개월 동안 현이 엄마는 수시로 전화를 했다.
“간사님, 전화요금도 이 돈으로 내도 되나요.”
“간사님, 현이 간식비는 얼마까지 써야 하죠?”
“간사님, 돈을 다 써도 남으면 어떻게 되나요.”
“간사님, 버스비도 이 돈 안에서 써도 되는 건가요. 돈을 쓸 때마다 기분이 좋아지는데 한편으로는 걱정이 되네요. 너무 많은 돈을 쓰려니까 잘 모르겠어서요."

"잘하고 있어요. 아무 걱정 마시고 잘 쓰세요."

"예, 감사합니다. 현이와 잘 살게요."

지원이 종료되는 달, 마침 면사무소에서 아빠로부터 분리되어 수급비를 받을 수 있다는 기쁜 소식을 전해들었다.

나는 현이가 다니는 초등학교 가을 운동회에 초대되어 다시 이들 가족을 만났다. 현이가 나를 알아보고 먼저 뛰어왔다.

"예쁜 아줌마, 우리 엄마가 요즘은 많이 웃고 나에게 잘해줘요."

"우리 현이 행복하겠네."

"예쁜 아줌마가 우리 집에 오셔서 더 행복해졌어요."

"…."

환하게 웃으며 고맙다고 인사하는 할머니와 엄마와 현이를 보면서 결코 절망의 끝은 없다는 걸 알게 되었다. 삼대가 손을 잡고 서 있는 뒷모습을 바라보며 가난하지만 저들만의 가족 스타일을 뽐내며 당당하게 세상을 향해 나아가기를 주님께 기도드렸다.

'아부지, 저들 가정을 지켜줘유. 이제 다시는 가정 폭력에 시달리지 않도록 저 두 모자를 지켜줘유.'

'딸아, 저들이 자립하여 가정을 잘 이루어가도록 가끔 방문하여 도와주거라.'

'예, 아버지. 아버지의 명을 받들겠나이다.'

'허허허….'

초등학교 운동장 위 가을 하늘에 아버지의 웃음소리가 퍼져 올라갔다.
"아버지, 세상의 소외된 자들을 돌아보기를 원하시는 나의 아버지… 저는 그런 아버지가 너무 좋습니다. 그런 아버지를 아버지라 부를 수 있어서 참 행복합니다. 아버지, 감사합니다. 나의 아버지!"

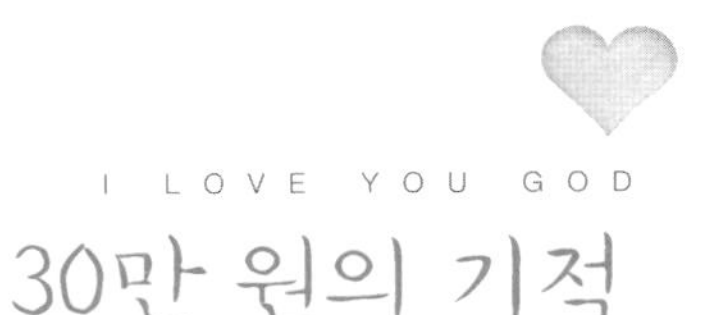

30만 원의 기적

이랜드복지재단에서 일하는 짧은 시간 동안 참으로 많은 곳을 돌아다녔다. 우리 가족이 살고 있는 강원도 강릉에서부터 삶의 기반이 있는 대전을 중심으로 부산, 울산, 경주, 대구, 광주, 양산 그리고 청주, 영동, 옥천, 대천에 이어 제주도까지 도움을 필요로 하는 곳은 어디든 사랑의 이름으로 방문했다.

그리고 그곳에서 상처와 아픔, 고통과 가난, 버림받고 배신당해 갈 곳 없어 떠도는 많은 분들을 만났다. 끝도 없이 나오는 아픔의 이야기를 들으며 하염없이 흐르던 눈물들.

재단을 통해 도움을 받은 분들이 가장 먼저 만나는 게 바로 현장간사이기에 고맙다는 인사도 가장 먼저 받는다. 그런 인사를 받으면 왜 이렇게 죄송스럽고 미안한지…. 오로지 주님의 심부름꾼으로 다녀간

거밖에 없는데 말이다.
요즘 나는 현장을 다니며 물품을 지원하는 일에 온 마음을 쏟고 있다. 그전에는 관공서, 구청과 주민센터, 복지관을 찾았는데 이제는 교육청을 먼저 찾아서 교육복지사를 만난다.
이유는 오직 하나, 부모의 손길조차 받지 못한 수많은 아이들이 어두운 그늘에서 고립된 채 살아가고 있음을 알고부터이다. 사랑과 관심을 받아본 적 없는 아이들의 마음은 늘 공허하다. 친구들이 놀아주지 않는 게 아니라 자신이 불안하고 자신감이 없어서 친구들과 어울리지 못하는 것이다.
부모의 손길이 닿지 않는 아이들은 일단 잘 씻지 않아 몸에서 냄새가 나고 계절에 맞지 않은 옷을 입는다. 가족과 함께 쇼핑을 해본 적도 없고, 물건을 살 줄도 모른다. 이랜드복지재단의 물품 지원사업은 일회적이지만, 선정된 대상자와 함께 나가서 직접 본인이 필요한 물건을 30만 원 안에서 구입하도록 도와주고 있다.
울산에 사는 중학생 아이에게 처음으로 물품 지원을 나갔다. 아이는 엄마 얼굴조차 기억하지 못했다. 그런 아이가 누군가와 손을 잡고 쇼핑하는 시간은 아이의 삶에서 처음 있는 축제의 날임을 알게 되었다.
"일일 엄마가 되어주어서 감사합니다."
이 말을 듣고 창피하게도 눈물이 흘렀다.
이어 강원도 주문진에 사는 두 명의 초등학생 여자아이들에게 물품 지원을 하러 갔다. 먹고 싶은 게 무엇인지 물어보니, 한 아이는 피자이고 한 아이는 치킨이라고 말했다. 그래서 당당하게 말했다.

"점심엔 피자 먹고 저녁엔 치킨 먹자."

정영일 국장님께 전화를 해서 아이들을 바꿔주었더니 기분이 좋아지신 국장님이 아이들이 원하는 걸 다 사주라고 하시는 게 아닌가. 역시 우리 대장님은 내 마음을 아는 분이다.

차 안에서 환호성을 지르며 우리는 경포대 바닷가를 가로질러 시내로 향했다. 한 아이는 엄마의 얼굴도 모른 채 정신 지체인 언니와 가끔 집에 들어오시는 아빠와 함께 살고 있고, 한 아이는 오빠와 함께 연로하신 할아버지 집에서 살고 있었다.

어느새 자연스럽게 나를 "엄마"라고 부르며 따라 다니는 아이들에게 이 날도 일일 엄마가 되어 행복한 시간을 보냈다. 세상에 방치되는 아이들이 이렇게나 많은데 그동안 나는 내 자식들만 바라본 게 미안한 마음이 들었다. 그 뒤로 나는 아이들을 찾아 나섰다. 엄마 없는 아이들의 일일 엄마가 되기 위해서! 전국 방방곡곡을 다녀서라도 아이들에게 생일보다 더 큰 기쁨의 하루를 선물해주리라. 30만 원의 기적! 난 오늘도 이 기적을 선물하기 위해 아이들에게 달려간다.

혼자가 아닌 함께할 일

복지재단에서 현장간사로서 전국을 다니며 더 많은 사람들을 만나고 더 많은 도움을 주기 위해 애썼다. 그러는 동안 내 안에 계속 이런 소리가 들려왔다.

'이 일은 봉사로 해야지, 이건 봉사활동으로 해야 하는 거야!'

또 한 달이 지나고 통장으로 월급이 들어왔다. 세금을 제하고 228만 원이었다. 10만 원 미만을 이삭줍기 헌금으로 제하고 남은 220만 원에서 100만 원은 이랜드복지재단 치료비 지원에 기부하고 나니 120만 원이 남았다. 내가 받아야 할 적정 금액이라는 생각에 기분이 좋았다. 그때였다.

'정희야, 너 그 돈 받아 뭐할래?'

'아부지, 할 게 얼마나 많은데요. 헌금 해야지유. 매달 정해진 곳에 기부금도 나가야지요. 현장을 다니면서 재단 지원에서 떨어진 사람들 중에 개인적으로 도와야 될 사람도 있고요. 그러면 제가 쓸 돈도 없어요. 저와 우리 아이들을 위해 돈 번다는 생각 안 해요.'

'그러니까 일하고 받은 돈을 다 기부하고 헌금하는데 그 일을 계속 돈 받고 할지 묻는 거야.'

'그럼, 이 일을 봉사로 하라고요?'

'그래, 그리고 집에 있는 아이들도 돌봐야 하지 않니. 아이들을 봐라. 엄마 없는 홀아비 자식들 같구나.'

'아니, 아부지, 그렇게 말하면 내가 섭하지. 난 아버지가 이 일을 기뻐하는 줄 알고 한 건데. 이제 와서 홀아비 자식들 같다니….'

'딸아, 가정으로 돌아가라. 아이들의 엄마로 아이들과 더 많이 사랑하며 지내렴.'

'그럼 현장간사는요? 남편 복지관 관장은요?'

'그 일은 누가 해도 할 수 있는 일이다. 그러나 이 일은 오직 너희 부부만이 할 수 있는 일이구나. 현장간사는 일주일에 두 번 정도 봉사활동으로 하렴.'

집으로 돌아와 남편과 이야기를 나누었다. 남편이 반가워하며 말했다.

"잘 생각했구먼유. 사실 말을 안 해서 그렇지 아이들과 너무 힘들었어유. 작년에는 그래도 아이들이 어렸고 대전에서 마누래가 데리고 있던 애들이 있었으니까 감당이 됐는데, 이제는 아이들도 늘어났고유. 이삼 일 집을 비우는 건 감당이 되는데 일요일에 나갔다가 금요일에 오면 정말 감당이 안 되더라구유. 그때도 말했지만 나는 여기 병원을 놓고는 못 가겠구유. 이제는 이곳이 나의 가족이어유."
"그럼, 그때 완강하게 안 간다고 하지, 왜 말을 안 했어유. 괜히 미안하게."
"자신의 일이 있다고 좋아하는데 거기다 대고 안 간다는 말을 못하겠더라구유. 하선이도 좋아하구 해서 기다리고 있었던 거지유. 이렇게 하은 엄마가 돌아올 거란 걸 알구유. 고마워유."
"하은 아빠가 왜 고마워. 빨리 결정 못한 내가 미안하네. 두 달 동안 아이들과 하은 아빠 힘들게 한 거 같아 내가 미안하지. 우리 그냥 이 길을 걸읍시다."
"그럼유, 난 이 길이 참 좋네유. 내가 사랑하는 사람들과 욕심 없이 살아가는 이 길이 너무 좋아유."
"난 뭐 욕심 부리려고 서울 갔남유. 듣고 보니 열나려고 하네."
"허허허, 말이 그렇다는 거지유. 내가 마누라를 열나게 하면 안 되지유. 미안혀유."
정 국장님께 바로 메일을 보냈다. 지금 이 일을 월급 받고 하는 게 부담스러우니 일주일에 두 번 정도 봉사활동으로 하겠다고 전했다. 온 가족이 서울로 가는 건 포기하겠다는 말과 함께.

며칠 후 정 국장님을 서울에서 만났다.
"간사님 말씀 다 잘 알겠습니다. 그럼 일주일에 두 번 정도 봉사하는 걸로 하고 저희가 해드릴 거는 뭐가 있을까요?"
"제가 찾아뵈어야 하는 분들이 산간 지역에 많이 사시다 보니 차가 없으면 어렵더라고요. 차는 저를 위해 구입한 거니까 제가 타고 다닐게요. 그리고 현장에 다니면서 드는 경비는 이전처럼 재단에서 감당해주시고요. 제가 힘들게 찾아내서 지원 요청을 하면 가능한 한 도와주세요. 저는 그거면 돼요."

"간사님께서 봉사활동을 하신다고 말할 때 처음엔 참 속상했어요. 워낙 일도 잘하시고 나름 자리를 잡아가는 거 같아 좋았거든요. 그런데 한편으로는 간사님의 마음을 잘 알고 있기에 감사하더라고요. 그래서 생각한 건데 전국에 우리가 지원하는 그룹홈 중에 희생정신이 투철하고 사랑이 많은 몇 분을 선정해서 함께 봉사활동을 하도록 도움을 청하면 좋을 거 같아요."

"우와, 그러면 진짜 좋지요. 저 혼자 전국을 다니기는 어렵잖아요. 각 지역마다 사람을 세워 현장 실사도 다니고요. 그 지역에 어려운 사람들을 찾아내는 데 더 유리하니까 참 좋네요. 그럼 저는 강원도와 충북, 전국을 알아서 다니고요. 대전과 충남을 김상훈 목사의 동생인 김오기 선생님을 추천할게요."

"간사님이 추천하는 사람이면 무조건 좋아요. 전북은 제가 잘 알고 계시는 임정근 목사님이 계세요. 그 분도 아이들을 입양하셨고 모르는 사람에게 신장을 기증하기도 했어요. 지금 사모님과 그룹홈을 하시는데 참 좋은 분입니다."

"네, 그럼 대전에 가서 김오기 선생님을 만나고 전주에 가서 임정근 목사님을 만나고 오세요. 저도 현장을 다니면서 계속 어려운 사람들을 찾고 있을게요."

그렇게 현장간사님들이 한 분 한 분 전국에 세워지고 있었다. 하루는 급하게 정 국장님으로부터 전화가 왔다.

"간사님, 부산에서 그룹홈을 하고 계신 원명숙 사모님이라는 분이 계세요. 그 분도 마지막 아들을 입양해서 키우시는 분인데 정말 좋은 분이에요. 저는 목포에 가서 서정숙 선생님을 만나볼 테니까 간사님은 부산에 가서 원명숙 사모님을 만나 얘기해보세요. 모두 하신다고 하면 대전에서 모여 1차 모임을 하자고요."

"네! 잘 다녀오세요. 저도 지금 부산으로 출발합니다."

경사도 사투리를 쓰시는 원명숙 사모님과의 첫만남은 참으로 인상적이었다.

"먼 길 오느라 수고했심더."

"아닙니다. 그룹홈이 크고 좋네요. 저도 옛날부터 그룹홈을 하고 싶었는데 그놈의 집 때문에 못하고 있어요."

"사모님 얘기는 정 국장님을 통해 들었어예. 좋은 일을 많이 하셔서 제가 부끄럽다 아입니꺼."

"아닙니다. 이렇게 아이들을 위해 공간을 내어주고 함께 사시는 사모님도 계신데요. 그래서 말인데요, 저는 현장간사를 석 달 하면서 하나님께서 이 일은 월급받고 하지 않고 봉사로 하라고 하셔서 이렇게 하고 있어요. 사모님, 우리와 함께해주셨으면 합니다. 아버지가 기뻐하시는 일을요. 어려운 사람들을 찾아내어 이랜드복지재단의 인큐베이팅 사업에 연계해주시고 그들이 회복하여 잘 살 수 있도록 돕는 역할을 하시면 됩니다."

"제가 능력이 안 되어 고마 할 수 있을라나."
"지금 같은 마음으로 하시면 됩니다."
"사모님 같은 분도 일하시는데 내가 뭐라고 못 한다고 하겠습니꺼. 고마 해보지예. 대신 많이 가르쳐주이소."
"걱정하지 마세요. 제가 알고 있는 거 다 알려드릴게요."
그날 된장찌개를 끓여서 식사를 대접해주셨는데 지금도 그렇게 맛있는 된장찌개를 먹어본 적이 없다. 맛있는 식사를 뒤로 하고 정영일 국장님께 문자를 보냈다.
"임무 완수."
"여기도 임무 완수."

이렇게 해서 나를 포함해 전국에 현장간사님들, 그것도 월급을 받지 않고 일하는 자원봉사자가 다섯 명이 되었다. 그 다섯 명의 봉사자와 재단 가족들이 대전에서 첫 만남을 가졌다.
부산의 원명숙 사모님, 목포의 서정숙 선생님, 전북의 임정근 목사님, 대전 · 충남의 김오기 선생님, 그리고 강원도와 충북, 전국구의 윤정희. 이렇게 우리는 한마음이 되어 맡겨진 지역에 관공서와 교육청, 작은 읍면 사무소를 다니면서 도움이 필요한 사람들을 찾아내고 지원하는 데 최선을 다하며 형제보다 더 뜨거운 사랑으로 하나가 되어가고 있었다. 나는 정 국장님이 처음 내게 메일로 해주신 말씀을 살짝 바꾸어서 이분들과 공유했다.

아버지의 마음이 머무는 그곳에 우리 현장 간사들의 마음이 머물고, 아버지의 발길이 닿는 그곳에 우리 현장 간사들의 발길이 닿아, 최선을 다해 돕는 우리 현장 간사님들이 되기를 바라며….

다시 살아볼게요

복지재단에서 일한 지 일 년쯤 되니 목소리만 들어도 도와드려야 할지 아닌지, 재단에서 지원이 안 갈지 어느 정도 감이 왔다. 재단도 정해진 규칙이 있다 보니 꼭 돕고는 싶은데 서류를 신청하기가 곤란한 사람을 만나면 기도하면서 아버지께 여쭤본다. 아버지는 그때마다 늘 같은 답을 주신다.

"그도 내가 사랑하는 내 아들이다."

"그도 내가 사랑하는 딸이다."

그럼 꼼짝없이 내 주머니를 열어 도와줘야 한다. 어느 날은 일부러 안 물어볼 때도 있다. 아버지가 하시는 답은 딱 하나니까. 그 답을 모르는 척하면 아버지가 먼저 내게 말을 걸어오신다.

'정희야, 너 지난주에 강의 다녀왔잖니. 그 돈 뭐할 건데.'

'아부지, 나 돈 없거든요.'

'네가 그 달 돈을 이월 시키지 않겠다고 나에게 말하지 않았니. 다음 달이 이제 얼마 남지 않았구나.'

'아부지, 기다려주세요. 저도 하도 여러 군데에서 도와달라고 하니 생각을 해봐야 하잖아요.'

'딸아, 생각은 오히려 너의 영혼을 망치게 한다. 나를 믿는 많은 이들이 자신의 생각을 나의 음성이라고 믿고 기도의 응답을 받았다고 하는구나. 난 깊게 생각하는 걸 원하지 않는다.'

'알았어요, 아버지. 아버지의 말씀대로 생각하지 않고 지금 만나러 가는 분을 최선을 다해 도울게요.'

대전에서 친하게 지내던 주민센터의 사회복지사 선생님에게 전화가 왔다.

"안녕하세요, 사모님. 이런 분도 도움의 대상이 되는지요."

"어떤 분인데요."

"그전에 대기업에 다니던 분인데요 IMF로 부부가 모두 회사를 퇴직하고 여러 가지 일을 했는데 결국 부도 맞고, 빚만 지게 되었어요. 진짜 열심히 살려고 애를 많이 쓰신 분인데 지금은 몸도 병들고 너무 안된 분이 계세요."

"수급은 아니시고요?"

"예, 수급은 아니에요. 그래서 우리가 이분들을 도울 제도가 없어요. 돕고는 싶은데 도울 길이 없어서요."

"제가 한 번 방문해볼게요. 전화번호와 집주소를 제 문자로 보내주세요."

며칠 후 받은 주소로 찾아갔다.

"안녕하세요. 처음 뵙겠습니다. 이랜드복지재단의 윤정희입니다."

"예, 얘기는 많이 들었어요. 부끄럽네요."

30평 정도의 아파트 안으로 들어서자마자 나는 깜짝 놀랐다. 온 집에 쓰레기가 가득했고 묵은 때가 벽마다 각질처럼 붙어 있었다. 그 쓰레기 더미 사이로 벽에 붙어 있는 가구들을 보니 30년 전쯤 구입한 것으로 보이는데 한눈에 봐도 좋은 것임을 알 수 있었다. 저렇게 더러운 에어컨도 있구나란 생각을 하면서 그 분과 대화를 이어나갔다.

"제가 전에는 남편과 함께 좋은 직장에 다녔어요. 그때는 저도 월급에서 일부분을 떼어 어려운 사람들도 도왔고, 봉사활동도 제법 많이 다녔어요."

"아, 네."

"그런데 회사에서 하도 명예퇴직을 권유해서 퇴사를 했지요. 제가 퇴직하고 두 달 만에 그놈의 IMF가 남편 직장을 잃게 했고요. 제가 두 달만 더 버텼어야 하는데, 하도 회사에서 남편 직업이 확실한 사람들은 나가라고 해서 어쩔 수 없이… 흑흑흑…."

아무 말 하지 않고 그저 열심히 듣는 것이 좋은 상담이란 걸 알기에 가만히 듣고만 있었다.

"처음엔 제가 받은 퇴직금으로 작은 식당도 하고 그런 대로 괜찮았어요. 남편이 동기들과 사업을 한다고 하기 전까지는요. 결국에 가지고 있는 돈 다 까먹고 이 아파트도 빚이에요. 사람들은 이 아파트 팔아서

빚 정리를 하라고 하는데 그러면 우리는 어디 가서 살아요. 남편하고 저하고 안 해본 일 없어요. 닥치는 대로 일했지요. 아이들 대학도 포기시켰어요. 그런데도 빚은 줄지 않고 이자에 이자만 눈덩이처럼 불어 제 발목을 잡고 있어요."

"힘든 시간을 보내시고 계시네요."

"너무 힘이 드니 집 청소도 하기 싫더라고요. 그래서 이렇게 집이 엉망이에요. 사는 게 싫어서 며칠 전에는 돌아가신 부모님에게 가서 절하고 죽으려 했던 적도 있어요. 결국엔 돌아왔는데 어느 순간 베란다 문을 열고 뛰어내리려는 저를 보면서 제가 놀라고 있어요."

"그래도 그런 나쁜 생각은 하면 안 됩니다. 아이들과 남편은 어떡합니까. 평생 그 짐을 안고 살아가야 되는데요. 엄마가 힘을 내서 열심히 살아야지요."

"사채 이자가 너무 불었어요. 누가 돈을 빌려주지도 않고요. 도저히 살 가망이 없어요."

"제가 볼 땐 어머니 우울증이 심한 거 같은데 병원에는 가보셨어요?"

"병원에도 가보고 약도 먹었는데 기본 생활이 안 되니 아무 소용이 없더라고요."

"제가 오늘은 어머니의 상황을 알았으니 다음 주에 오겠습니다. 그때 우리 다시 이야기를 나누어요."

집으로 돌아오는 내내 이 가정을 어떻게 도와야 할지 생각이 나지 않았다. 전에 여유 있게 살던 사람들은 잠깐의 도움을 통해 바로 일어서는 걸 알고 있기에 꼭 돕고 싶었다.

'그 많은 사채를 도울 방법도 없고, 예순을 바라보는 분을 취직 시켜 드리기도 어렵고 어떡하나.'

고민을 하는데 '깊게 생각하지 말라' 라는 아버지의 말씀이 생각났다.

'그래, 뭘 깊게 생각해. 나는 그냥 기본적인 것만 하면 되지.'

일주일 뒤 다시 방문을 했다. 손에 봉투 하나를 들고.

"안녕하세요, 윤정희 간사입니다."

"이렇게 누추한 곳을 다시 방문해주시니 감사해요."

"지금부터 제가 하는 말에 잘 들으시고 어머니가 선택을 하셔야 합니다."

"무슨 선택을…."

"여기 봉투에 5만 원 권 스무 장이 있어요. 100만 원입니다."

"100만 원이요…."

"제가 이 돈으로 어머니를 3박 4일 동안 고용할 거예요. 어머니께서는 그 기간 동안 지저분한 집을 깨끗하게 치우시는 겁니다. 쓰레기봉투 사서 쓸데없는 것들은 다 버리시고요. 주방도 수세미로 박박 닦고 시트지도 붙이시고요. 그렇게 하신다고 하면 제가 이 돈을 놓고 가겠습니다."

"아니, 여기서는 미리 현금을 주기도 하나요?"

"그럼요, 우리 이랜드복지재단은 사람들이 회복되어 열심히 사는 것만 보면 어떤 일도 감당하며 돕고 있어요."

"아, 그렇군요."

"그리고 제가 다음 주에 와서 청소가 깨끗하게 잘 되어 있으면 선물을 드릴게요. 지금 쓰고 계신 냉장고에서 탱크 지나가는 소리가 나잖아요. 너무 오래돼서 그래요. 제가 최신 양문형 냉장고로 바꾸어드릴게요."

"제가 이 돈을 받고 청소를 안 해놓으면요?"

"그건 어머니가 선택하실 일입니다. 저는 주고 가면 그 뒤는 몰라요. 어머니께서 양심을 파는 일을 하실지 다시 한 번 살아보겠다고 열심을 내실지 선택하시면 됩니다. 저는 그냥 자리만 깔아드리는 거예요. 이런 우중충한 집에서 우울증을 앓으며 사실지 조금이라도 변화된 환경에서 열심히 살려고 노력하실지 그 선택은 어머니의 몫입니다."

"알겠습니다, 다시 살아볼게요. 열심히 해보겠습니다."

우리는 일주일 뒤에 다시 만나자는 약속을 하고 헤어졌다.

그날 저녁부터 이분은 조금씩 변해가는 집 내부를 핸드폰으로 찍어 보내주기 시작했다. 하루가 다르게 변해가는 집을 보면서 남편도 함께 청소를 시작했고 둘은 짜장면도 시켜먹으며 어린아이마냥 행복해 했다.

약속한 대로 3박 4일이 지났고 집은 몰라볼 정도로 깔끔하게 변해 있었다. 더러운 벽면은 페인트로 깨끗하게 칠해져 있었고, 주방은 시트지로 더러운 부분을 가렸고, 창문 커튼은 이랜드 모던하우스에서 기증받은 걸로 교체되어 있었다.

"세상에나. 집이 이렇게 넓었네요. 그 쓰레기들은 다 어디 갔어요?"

"100리터짜리 쓰레기봉투 10개에 담아서 다 버렸어요. 호호호."

"아니, 어머니! 웃을 줄도 아세요?"

"제가 집을 청소하고 정리하면서 웃음을 되찾았어요. 집을 치우면서 제 마음에 쓰레기도 다 빠져나가는 걸 알게 되었어요. 정말 감사해요. 이젠 새롭게 열심히 살고 싶어요."

"그래요, 그게 우리 재단이 원하는 거예요. 이젠 세상에 지지 말고 맞서서 열심히 사세요. 제가 가는 길에 냉장고 사서 보내겠습니다."

"우리 집 청소하고 냉장고도 받네요. 냉장고는 안 보내주셔도 돼요. 벌써 너무나도 큰 선물을 받았는걸요. 이것만도 너무 감사해요."

"우리는 한번 한 약속은 지키거든요. 가끔 좋은 소식 전해주세요."

"그럴게요. 꼭 전할게요."

집안을 둘러보니 그 흔한 김치냉장고도 하나 없었다. 게다가 그릇마다 이가 나가서 제대로 된 밥공기도 없었다.

'왜 저런 게 눈에 들어오는지.'

눈을 질끈 감아버려야지 하면서도 없는 것투성이인 이 가정이 주님의 사랑으로 채워지길 바랐다.

집에 와 홈쇼핑을 보는데 삼성 최신형 냉장고를 판매하면서 김치냉장고를 덤으로 주는 걸 보고 곧장 주문을 했다. 거기에 특별 보너스로 4인 가족 48피스 그릇을 선물로 준다고 해서 기분이 날아갈 듯 좋았다. 그런데 막상 냉장고 살 돈이 없었다. 어쩔 수 없이 생애 처음으로 3개월 할부를 했다.

"아부지 3개월 동안 매달 55만 원을 어떻게 하냐고…."

기부하기 위해 빚을 내는 사람들은 도대체 어떤 사람들인지 의아했는데 어느새 내가 그런 사람이 되어버렸다. 그런데 받으시는 분이 너무 좋아하니까 할부금 걱정도 금세 사라졌다. 냉장고가 배달되어 왔다고 핸드폰으로 찍어 보내주고, 다시 이틀 뒤에 김치냉장고가 왔다고, 또 이틀 뒤에는 그릇 세트가 왔다며 사진을 찍어 보내주어 행복이 세 배로 커지고 있는데 상상도 할 수 없는 놀라운 일을 알려왔다.

"간사님, 정말 기적이에요. 제가 힘들게 살 때는 돌아보지도 않던 친구와 가족들이 지금은 우리 집에 놀러와요. 다시 살아보겠다고 하니까 취직도 되었어요. 많은 돈을 받는 곳은 아니지만 저에게 일이 있다는 것만으로 너무 감사해요. 그리고 전에 같이 근무하던 친구가 저에게 이자도 받지 않고 사채 빚을 다 해결해주었어요. 매달 월급 받아서 원금만 조금씩 갚으라면서요. 저에게 이런 기적이 일어났어요!"

나도 같이 흥분이 되어 전화기를 붙잡고 팔딱팔딱 뛰면서 함께 기뻐했다.

"간사님께서 말씀하신 하나님은 정말 열심히 살려고 노력하는 사람들을 돕는다는 걸 알았어요. 이제 다른 생각하지 않고 열심히 살게요. 그리고 받은 사랑에 감사하고, 더 많이 나누는 사람이 되도록 노력할게요. 간사님은 저에게 살고자 하는 용기를 주었어요. 정말 감사합니다. 간사님 정말 감사합니다."

너무 좋고 행복해서 눈물이 나왔다.

'아부지, 지금 제가 느끼는 이 행복은 돈으로 환산할 수 있는 게 아니네요. 3개월 할부가 부담스럽기는 하지만 그래도 너무 행복해요. 한 가정이 이렇게도 일어날 수 있다는 걸 눈으로 보면서도 믿어지지가 않아요.'

'딸아, 그래서 세상은 보이는 게 다가 아니란다. 보이지 않는 걸 보는 믿음이 진짜 믿음인 거야.'

'그러게유, 아부지. 그런데 저는 3개월 할부로 냉장고를 샀네유.'

'….'

'아부지, 3개월….'

대답도 없이 사라지신 아버지에게 할 수 있는 말이 없었다.

"아부지, 안 갚아주기만 해봐."

며칠 뒤 대전에서 공부방을 운영하고 있는 고모에게 전화가 왔다.

"언니, 고생 다했어."

"왜?"

"이제부터 매달 50만 원씩 안 보내도 돼."

"중구청에서 지역아동센터 지원금 해준대?"

"엉, 이제부터는 지원해준대!"

"고모가 그동안 고생 많았다. 지금까지 매달 지원해준 옥기윤 집사님께도 너무 감사하네. 정말 애 많이 썼어. 고모."

"언니가 더 고생했지. 아이들하고 없는 살림에 그 많은 돈을 보내줬으니."

"난 괜찮아. 어차피 내가 해야 할 일이었는데… 정말 잘됐다."

고모와 전화를 끊고 너무 좋아서 콧노래를 부르면 신이 나 있었다.

"우와와. 다음 달부터는 50만 원이 더 여유가 생기네. 좋아라! 우리 집도 여유가 생기는 거야. 형편이 피는 거라고! 한 달에 한 번은 아이들하고 삼겹살을 먹어야지. 우유도 큰 거 두 통씩 사야지."
혼잣말로 중얼거리고 있는데 내 귀에 정확하게 들려오는 소리가 있었다.
"3개월 할부…."

캔디 할머니와의 만남

대전 충남대학교병원 안과 입원실에서 강영단 캔디 할머니를 처음 만났다. '캔디 할머니' 라는 별명을 듣자마자 혹시 머리 양쪽에 리본을 달고 계시지는 않을지 상상했는데 직접 만나보니 어려운 환경에서도 씩씩하고 긍정적으로 사시는 모습 때문에 생긴 별명임을 알았다.

"너무 답답해서 전화를 했는데 이렇게 왔네요."

나를 보며 좋아하시는 할머니를 보니 나도 기분이 좋아졌다.

작은아들이 가출하여 주민등록이 말소되면서 두 손주와 함께 산 지는 오래되었고, 얼마 전에 큰아들이 이혼하면서 두 손주가 더 왔다. 이렇게 되어 할머니가 부양하는 손주는 총 네 명이었다.

"할머니, 불편하신 몸으로 힘들지 않으세요?"

"아이고, 힘들지. 그렇지만 어떡해. 나 아니면 거둬줄 데가 없는데. 그래도 야들이 얼마나 귀여운지 몰러. 내가 몸이 부서지고 힘들어도 야들 키우는 재미에 산다니께. 어린 것들이 고생이지."

할머니와 대화를 하면서 기초생활수급자로 선정되어 지원받는 거 외에는 어떤 혜택도 받고 있지 못함을 알았다. 급히 주민센터를 방문하여 조손모 가정으로 손주 두 명을 가정위탁으로 신청했고(가정 위탁이 되면 아동 한 명에 매달 12만 원의 위탁비가 나온다), 네 명의 아이들이 방과 후에 공부와 저녁 식사를 할 수 있도록 지역아동센터로 연계해주었다. 가장 급한 병원비 100만 원도 사회복지공동모금회에 접수할 수 있도록 했다.

"고마워서 어쩐데… 어쩐지 전화를 막 하고 싶더라니…. 앞이 캄캄하니 아무 생각이 안 나는겨. 고마워, 고마워."

그리고 할머니가 아이들을 돌보는 위탁 가정은 한국주택공사에서 아이들이 고등학교를 졸업할 때까지 무상으로 5천만 원을 빌려주는 제도가 있다고 소개했다.

"아니, 그렇게 좋은 게 있었어?"

"그럼요, 할머니. 이제는 나라에서 어려운 사람들 많이 도와주어요. 신청해서 아이들과 함께 좀 더 쾌적한 곳으로 이사하세요."

"나야 좋지, 아이들도 좋아할 거구."

"그럼, 제가 주민센터에 문의해 놓을게요."

"너무 고마워, 누가 나 같은 늙은이를 도와주려고 하남. 참 고마워."

"할머니, 예수님을 믿으셔야 해요. 제가 교회에 다니고 예수님을 믿으니까 이렇게 와서 돕는 거예요. 할머니 더 늦기 전에 꼭 교회 가세요."

"그랴. 난 우리 선상님이 하라는 말은 다 들어."

"집 앞에 있는 가장 가까운 교회에 가셔서 꼭 예수님 믿으세요."

"알았어. 하라는 대로 다 할게."

할머니는 얼마 되지 않아 주민센터의 적극적인 도움으로 전세 자금을 지원받아 깔끔하고 넓은 빌라로 이사를 하셨다.

"나 이사했어."

"그러셨구나! 이사한 곳 좋아요?"

"그럼, 좋지. 대전에 오면 우리 집에 꼭 놀러와."

"알겠어요. 모레 갈게요."

"응, 기다리고 있을게."

집은 말씀하신 대로 깨끗하고 좋았다.

"할머니, 이렇게 이사도 하셨으니까 집 앞에 있는 교회에 이번 주부터 꼭 다니셔야 해요."

"엉, 알았어. 내가 교회 꼭 나갈게."

"할머니가 교회 가셔야 아이들이 따라가요. 알았지요?"

"알았다니까. 내가 이렇게 늙었지만 고마운 거 아는 사람이야."

한 주 후 할머니께 전화가 왔다.

"나 오늘 아이들하고 교회 갔어. 내가 늙었는데도 아주 친절하게 잘해주네. 그래서 앞으로 계속 다니려고 해. 보고하려고 전화했어. 나 잘했지?"

"그럼요, 할머니 잘하셨어요. 참 잘하셨어요."

"대전 내려올 때마다 우리 집에 와. 내가 늙어서 사람들이 나를 찾아와야 해."

"알았어요, 할머니. 내려가면 자주 할머니네 갈게요. 열심히 예수님 믿으셔야 해요. 사람은 믿을 존재가 못 되어요. 오직 예수님만 믿어야 해요."

"나도 알아. 자식들 있어봐야 힘들게만 하고 결국에 지 자식들까지 늙은 나에게 맡기잖아. 내가 예수님만 믿을게."

"예, 할머니. 건강하시구요. 안녕히 계세요."

주님의 사랑을 전하기 위해 시작한 이 일에 오직 주님만 나타나기를 바라며 만나는 분들마다 하나님 자랑을 하기 시작했다. 도움의 손길을 내밀었을 때 저절로 전도가 되는 걸 보면서 예수님께서 왜 이웃을 사랑하라고 하셨는지 알게 되었다. 하나님의 사랑으로 도울 때 상대방이 그 사랑을 경험하게 되기 때문이다. 그래서 오늘도 네 이웃을 네 몸과 같이 사랑하라고 하신 아버지의 말씀을 가슴에 깊이 새기고 하나님의 심부름꾼이 되어 문을 나선다.

처음이자 마지막 여자

인큐베이팅으로 치료비 지원 신청을 의뢰한 대상자가 남편이 일하는 강릉 아산병원에 계시다고 해서 면회를 갔다. 신부전증에 합병증까지 앓고 있는 그는 50대 남자로 국적이 대만인데 한국으로 귀화 신청을 해놓은 상태였다. 그는 미혼으로 심지어 여자하고 데이트 한 번 해본 적이 없다고 했다. 내세울 게 없어서 주님만 바라본다며 멋쩍게 웃는 이 남자에게 나는 필이 꽂혀 아침저녁으로 병문안을 갔다.

아파서 누워 계신 분을 보면 딱히 해줄 말이 없어 괜히 혼자 더 열심히 떠들게 된다. 웃긴지 안 웃긴지도 모르는 썰렁한 개그까지 해가면서…. 그날도 썰렁한 개그를 하고 있는데 이분이 얼굴까지 발그레하면서 수줍게 웃고 계셨다.

입맛이 없다는 그에게 뭐라도 좀 먹이고 싶어 죽을 끓였다. 너무 맛있다며 그릇을 싹싹 비우는 모습이 보기 좋아 계속 죽과 내가 가장 잘하는 누룽지를 끓여 갔다. 병실 문을 열고 들어서는 순간부터 나는 떠들기 시작했다.

"애인, 나 왔어! 나 보고 싶었지잉."

그는 수줍은 얼굴로 나를 바라보며 말했다.

"으으응으으, 예예."

며칠 후부터는 내가 오기를 기다리는 걸 알 수 있었다. 나는 손톱도 깎아주고 손도 깨끗이 씻겨주었다.

'우리 예수님은 제자들에게 발도 씻겨주셨는데….'

그 마음이 들어 발도 씻겨주었다. 그러다 세수도 시켜주고 머리도 감겨주었다. 씻고 나니 멋져졌다고 엄지손가락을 치켜세우자 환하게 웃으면서 고맙다고 말했다. 그 환한 미소를 또 보고 싶어서 내가 먼저 데이트 신청을 했다.

"재단에서 물품 지원금이 나왔으니, 퇴원하는 날 멋진 옷이랑 신발도 사고 맛있는 것도 먹으면서 데이트해요."

우리는 새끼손가락을 걸고 약속했다.

"김상훈 목사님도 존경하는데 사모님은 더 좋은 분이군요."

"우리 오빠가 더 좋은 분이야."

우리는 서로를 바라보며 그렇게 웃었다.

뭐가 먹고 싶냐고 물어보았더니 과일이 먹고 싶은데 신부전 환자들은 물기가 많은 음식은 먹을 수 없다는 말을 듣고 말린 과일을 사갔다. 건자두와 건포도를 맛있게 먹으며 한나절을 함께 보냈다. 휠체어를 타고 병원 주변을 산책하고 내가 쓴 《하나님 땡큐》도 읽어주었다.
그날 저녁 퇴근해서 집에 온 남편이 그의 소식을 전했다.
"당신 애인 중환자실로 들어가셨어. 오늘 밤이 고비라네."
"…."
눈물이 마구 흘러내렸다.
다음 날 그는 영원히 고통이 없는 그곳으로 갔다. 수줍게 웃으면서 "처음이자 마지막 여자가 사모님이네요"라고 말하던 그는 이제 나의 가슴에만 남았다. 그를 병원에 모시고 왔던 속초 시청 김남희 사회복지사가 나를 위로했다.
"선생님을 만나게 하려고 아산병원에 입원하게 하셨나봐요. 덕분에 그 분은 생애 가장 좋은 추억을 가슴에 담고 가셨네요."
그 말을 들으며 마음에 무언가 쿵하고 내려앉는 느낌을 받았다. 그러면서 생각했다. 힘들고 고통스러운 삶을 살고 계신 분들에게 좋은 추억을 주는 사람이 되자고….
하나님을 감동시키면 기적이 일어난다. 사람을 감동시키면 그들의 삶이 달라진다. 나는 사람들에게 감동을 주는 삶을 살고 싶다. 내가 만나는 모든 사람들에게 주님의 가장 따뜻한 사랑을 전하기 위해 나는 오늘도 이 자리에 서 있을 것이다. 이것이 아버지께 올려드리는 나의 고백이고 주님을 향한 나의 사랑이다.

아이들과 간식을 만들면서 웃는 우리의 웃음소리를 천사가 모두 담아
하늘로 올라가는 모습을 바라보면서 빙그레 웃었다.
'아부지, 알러뷰!'
'딸아, 나도 알러뷰다!'

Part 03

나에게 보내주신 천사들

I love you, God!

엄마, 나 자랑스러워해줘

미국에서 공부하고 있는 하은이에게 전화가 왔다.

"엄마, 놀라지 마."

"엄마가 놀랄 일이 뭐가 있냐."

"장난이 아니고 진짜 놀라지 마. 조금 있다가 우리 학교 교장선생님께서 엄마에게 전화하실 거야."

"뭐라고? 너 무슨 사고를 친 거야! 왜 교장선생님이 엄마한테 전화를 해! 너 그런 식으로 하면 당장에 불러들인다. 장학생이고 뭐고 다 필요없어!"

"엄마, 내 말 좀 들어봐. 내 말도 안 듣고 엄마 말만 해. 그게 아니야. 학교에서 시험 성적도 많이 오르고 모범적인 생활을 하는 학생을 뽑아 부모님하고 통화하는 거야."

"뭐라고? 진작 말을 하지!"
"엄마가 말도 못하게 먼저 정신없이 말했잖아!"
"그런데 하은아, 엄마 영어 못하는데…."
"걱정하지 마. 기숙사 사감 선생님께서 통역해주실 거야. 이따 엄마한테 전화한다고 말했어. 엄마, 통화 잘하고 교장선생님께 감사하다고 꼭 인사해."
"엄마가 감사하다는 말도 못할까봐? 나 참 기가 막혀서…."
하은이의 전화를 끊고 교장선생님이 전화하실 때까지 얼마나 긴장되고 걱정되는지 손에 땀까지 배었다. 차가운 물을 벌컥벌컥 들이마시며 조금 진정이 되었을 때 전화벨이 울렸다.
"헬로우!"
'여보세요' 를 해야 하는데 순간 당황해서 발음도 안 되는 영어로 말을 했다. 그랬더니 저쪽에서 무슨 말인지도 모르는 영어가 쏟아져 나왔다. 중간중간 아는 단어라고는 하은이 영어 이름인 'grace' 와 'good' 과 'very' 뿐이었다. 한숨만 푹푹 쉬고 있는데 곧바로 정겨운 한국말이 나왔다.
"어머니, 안녕하세요. 하은이 기숙사 사감입니다. 지금 교장선생님께서 하은이 학교 생활을 칭찬하셨어요. 하은이가 모범생이라 학교의 자랑이라고 말씀하시네요."
"예, 예, 예…."
사감 선생님의 얘기를 절반밖에 듣지 않았는데도 벌써부터 눈물이 주르륵 흐르고 있었다. 교장선생님이 영어로 말씀하시면 사감 선생님이 한국말로 통역을 해주셨다.

"하은이가 일 년만에 성적이 크게 올랐어요. 처음 학교에 와서는 F학점도 두 개나 있었는데 이제는 전 과목이 A일 정도로 공부를 잘해요. 성실하고 노력하는 학생이라 기대가 크다고 하시네요."

"예, 예, 예."

고맙다고 인사하라는 하은이의 말은 잊어버린 채 그저 "예, 예" 만 반복하면서 울기만 했다.

"아프리카 선교사라는 꿈을 가슴에 품고 기도하는 하은이가 너무 멋지고 기대된다고 하십니다. 하은이는 부모님을 자랑스러워하고 누구보다 존경한다고 말해 교장선생님을 감동시켰습니다."

그 뒤로는 뭐라고 통역을 하는지 귀에 들어오지 않았다. 그저 "우리 하은이, 우리 하은이" 하면서 울기만 했다.

통화를 마치고도 전화기를 붙잡고 얼마나 울었는지 알 수 없었다.

"하은아, 엄마가 고맙다. 정말 고마워! 해준 것도 없는데 혼자 힘으로 그 먼 나라에서 그렇게 애쓰는 줄도 모르고…. 하은아, 엄마가 미안해. 흑흑흑."

사람이 얼마나 울어야 눈물이 그만 나오는지 알 수 없을 정도로 통곡했다. 마르지 않는 눈물은 저녁에 남편이 들어와서도 계속됐다.

다음 날 같은 시간에 하은이에게 전화가 왔다.

"엄마, 통화 잘했어? 교장선생님께 고맙다고 말했어?"

"아이고, 하은아! 고맙다는 말을 깜빡했네. 하도 정신이 없어서."

"교장선생님이 전화까지 했는데 고맙다는 말도 안 했다고?"

"엄마가 교장선생님 말을 듣고 너무 좋아서 '예, 예' 만 하다 깜빡했어."

"뭐라고 말씀하셨는데?"

"우리 하은이 좋은 점만 얘기하시더라. 네 미래가 기대된다면서 하은이를 위해 기도하신대."

"엄마, 나 좀 자랑스러워해주라. 모든 집에 전화하는 게 아니라 나랑 다른 언니랑 두 집에만 전화한 거야."

하은이의 얘기를 들으며 이놈의 눈물은 주책없게 또 흘러내렸다.

"하은아…."

하은이를 부르며 통곡에 가까운 울음을 터트렸다.

"엄마…."

전화기를 붙잡고 하은이도 울고 푼수 엄마인 나도 울었다. 둘이 한참을 우는데 갑자기 하은이가 큰 소리로 말했다.

"엄마, 엄마 울음소리랑 내 울음소리 말고 다른 울음소리가 들려. 옆에 아빠 있어?"

"아니, 이 시간에 아빠는 병원에 있지. 엄마 혼자 있어. 어, 잠깐 가만 있어봐. 아버지? 아버지십니까? 지금 아버지가 우리랑 함께 우시는 거예요?"

"엄마, 하나님이셔. 하나님께서 우리랑 함께 우시는 거야. 진짜 주님이셔."

"응, 하은아. 아부지가 우리랑 함께 너무 기뻐서 우시는구나."

"엄마, 나는 진짜 하나님의 딸이 맞나봐. 주님은 늘 나와 함께하셔.

그래서 힘이 들다가도 힘이 나고, 내가 할 수 없는 일도 할 수 있게 돼. 주님이 나와 함께하시는 거 맞지?"

"그럼, 맞아! 아버지는 늘 우리와 함께하셔. 다만 우리가 깨닫지 못할 뿐이야. 그런데 하은이는 주님이 함께하심을 아는구나."

"그럼, 엄마. 나도 느껴. 주님이 나랑 함께하심을… 엄마 고마워!"

"뭐가, 엄마가 고맙지!"

"엄마 아빠 딸인 것도 참 좋은데 예수님을 믿는 가정에 입양되었다는 게 난 너무 고맙고 좋아. 내가 만약에 예수님을 안 믿는 가정에 입양되었다면 지금 이렇게 행복한 일이 나에게 일어나지 않을 거잖아. 엄마, 고마워. 나를 입양해줘서."

"엉엉엉. 하은아, 엄마가 고마워. 엄마를 선택해주어서. 엉엉엉."

전화기를 붙잡고 하루 종일 울었다. 얼마나 울었는지 눈이 퉁퉁 부어 바깥출입을 하기 어려울 정도였다. 그리고 며칠이 지났다.

"엄마. 나 하은이."

"응, 하은아. 잘 지내지?"

"엄마 놀라지 마. 지금 내 옆에 교장선생님이 계셔. 엄마랑 통화하고 싶으시대."

"진짜? 그럼 통역은 누가 해?"

"내가. 나 잘해. 기다려, 교장선생님 바꿔줄게."

두 번째 통화라서 그런지 전보다 여유롭게 인사도 나누었고, 무슨 말인지도 모르면서 연신 '땡큐'로 대답했다.

"엄마, 교장선생님께서 나를 하나님의 학교로 보내주셔서 고맙대."

교장선생님과 영어로 대화하는 하은이의 목소리가 수화기 너머로 들리자 또 폭풍눈물이 쏟아졌다. 울고 또 울면서 보이지도 않는 교장선생님께 고개 숙여 인사했다.

"땡큐, 땡큐!"

하은이의 목소리가 들리면 더 깊이 고개를 숙이며 인사했다.

'아버지, 들리지요? 하은이가 완벽하게 영어로 교장선생님과 대화하고 있어요. 교장선생님이 하은이가 자랑스럽다고 말씀하세요. 우리 딸 하은이가요. 아버지….'

'딸아, 나도 듣고 있구나. 나도 하은이가 자랑스럽다.'

언제 우리 딸이 이렇게 성장했는지, 그저 감사할 뿐이다.

"하은아, 사랑해!"

I LOVE YOU GOD

나는 하나님의 딸

“엄마, 규장에서 진짜 내 이름이 박힌 책이 나오도록 해주신대?”

“그래, 하은아. 엄마가 몇 번을 말해야 알아.”

“늘 꿈꿔오던 일이 현실이 된다니까 믿어지지가 않아서 그러잖아.”

“하은이가 어려서부터 쓴 글들은 엄마가 다 보냈으니까 너는 하나님의 학교에서의 이야기를 써서 직접 출판사에 메일로 보내. 알았지?”

“응, 엄마 알았어. 지금 시험기간이니까 끝나면 써서 보낼게.”

“너무 늦지 않게 하구, 예의를 갖춰서 보내라.”

“엄마, 나를 뭘로 보구. 나 모범생이야.”

하은이는 초등학교 4학년 때 입양된 사실을 알고 난 뒤 자신의 일상을 글로 쓰기 시작했다. 어려서부터 책 읽는 걸 좋아하고 초등학교에 들어가서는 꾸준하게 일기 쓰는 걸 지도해주었더니 또래 아이들보다

글 쓰는 재주가 뛰어났다. 초등학교 5학년 때는 초중고 학생들을 대상으로 하는 글로벌 장학생 선발대회에 나가 무려 700대 1의 경쟁을 뚫고 20명 안에 들어 미국 연수를 다녀오기도 했다.

그렇게 꾸준히 써온 글이 이제 하은이의 이름으로 세상에 나오기만을 기다리고 있었다. 어린 나이에 자신의 이야기를 들고 세상에 나오는 하은이를 담대하게 해달라고 주님께 더욱 기도드렸다.

"엄마, 난 지금 참 행복해. 내가 하나님의 딸이라는 강한 확신과 주님이 나와 함께하신다는 생각이 들어서."

"하은아, 참 고맙다."

"엄마, 고맙기는 뭐가 고마워. 내가 더 고맙지."

"어린아이가 자신의 이야기를 세상에 내놓는다는 건 쉽지 않은 일이야. 그런데 우리 하은이는 그 일을 하고 있잖아."

"엄마, 내가 초등학교 다닐 때부터 내 책이 나오기를 굉장히 바랐던 거 알지? 그런데 중학생이 되면서는 솔직히 내 이야기를 하는 게 싫었어. 사람들이 내가 입양아라는 걸 알게 되는 게 불편했거든. 그런데 이제는 아니야. 지나간 일들을 생각하며 글을 쓰는데 그 시간을 통해 내가 치유되고 있다는 걸 느껴."

"하은아…."

"엄마, 정말이야. 마음속에만 감추고 살았다면 내 어린 시절의 아픔이 다른 사람들을 힘들게 했을 것 같아. 그런데 글을 쓰면서 하나님께서 날 얼마나 사랑하시는지, 나를 통해 얼마나 많은 일을 하고 싶어하시는지 알게 되었어. 그래서 이제는 더욱 편안하게 글을 쓰고 있어."

"하은아."

전화기를 붙잡고 있는 내 손에 눈물이 흐르고 있었다.

"엄마, 그러니까 내 걱정은 하지 마. 내 책도 엄마 책처럼 서점에서 판매하는 거야?"

"그럼, 당연하지."

"엄마, 나도 엄마처럼 하나님께 날 다 드리고 싶어. 내가 아직은 어려서 어떻게 주님께 날 드릴지 잘 모르겠는데 하나님이 내가 필요하다고 하면 그때는 날 주님께 드릴 거야."

"하은아!"

"그리고 내 책이 팔려서 받은 돈은 하나님께 첫열매로 다 드릴 거야."

"정말? 초등학교 때 받은 장학금을 드린 것처럼?"

"나의 평생을 주님께 드리겠다고 해놓고 물질을 아까워하면 안 될 거 같아. 이번 여름방학 때 한국에 가면 담임목사님께 기도받으며 헌금할 거야. 엄마, 기대해!"

"하은아, 엄마는 벌써부터 기대하고 있어. 그 마음 잊지 말렴. 사랑한다."

"엄마, 사랑해."

후에 하은이는 약속한 대로 《나는 하나님의 딸》 초판 인세 전액을 주님께 첫열매로 드렸다.

"목사님, 제가 번 첫열매예요."

"아주 대견하구나. 하은이의 마음을 소중한 곳에 잘 사용할게. 강릉 지역에 사는 어려운 학생들을 위한 장학금으로 사용할게."

"목사님께서 알아서 사용해주세요. 그리고 저를 위해 기도해주세요."

강릉 중앙감리교회 이철 목사님의 기도를 들으며 함께 기도를 드렸다.

'아버지, 이 아이의 일평생을 책임져주세요. 이 아이를 주님의 도구로 사용해주세요.'

'딸아, 아무것도 걱정하지 말아라. 하은이는 나의 딸이구나.'

'아버지, 감사해요. 제가 주님께 올려드리는 최고의 고백! 사랑합니다.'

하선이의 진로 상담

고등학교 진학을 앞두고 있는 하선이와 진로를 위해 많은 대화를 나누었다.

“하선아, 너는 공부보다 그림 그리고 손으로 만드는 걸 더 좋아하지?”

“엄마, 난 네일아트나 머리 손질, 의상 디자인 이런 쪽이 맞는 거 같아.”

“그럼 미리 색 감각을 익혀야 하니까 미술학원에 다녀볼래?”

“좋아! 학교에서 가까운 미술학원으로 알아봐줘.”

“율곡중학교 아래 있는 아파트 상가에 올리브 미술학원이라고 있더라. 엄마가 내일 가서 알아볼게.”

그런데 갑자기 이랜드복지재단 행사가 있어 서울에 가야 했다.

“하선아, 내일 미술학원 알아보기 좀 어렵겠다. 모레 서울 다녀와서 알아볼게."

"알았어, 서울 잘 다녀와!"

이랜드 직원 기도모임에서 복지재단 인큐베이팅에 대해 설명하고 기부금 약정서에 사인하도록 돕는 일을 마친 후 정영일 국장님을 만났다. 직원회의 시간에 이화여대 의상디자인과 장학생 선발에 대한 이야기가 나왔다. '잉글랜드' 라는 3평짜리 의류매장으로 시작한 이랜드가 오늘날 이렇게 성장하기까지 이화여대 의상디자인과 출신 디자이너들의 수고와 노력이 있었다고 한다. 그래서 이랜드에서는 해마다 가정 형편이 어려운 학생들을 선별하여 4년 동안 등록금 전액을 장학금으로 지원하는 프로그램이 있었다. 그런데 요즘은 가정 형편이 어려운 학생들이 별로 없어서 장학금 지원이 어려워지고 있다는 이야기였다.

"그럼, 가정 형편이 어려운 아이들 중에 그림 그리고 옷 만드는 걸 좋아하는 아이들을 이화여대에 가게 해서 장학금을 주면 되잖아요. 우리 하선이가 의상디자인과에 가고 싶어 하는데 해당 사항이 되나요?"

"그럼요. 당연히 받을 수 있죠."

"우리 하선이 엄청 좋아하겠다. 빨리 가서 말해야겠어요. 꿈이 있으면 도전하려고 노력할 거예요. 그럼 저는 이만 강릉으로 갑니다. 다음 주에 만나요."

"조심해서 가세요. 간사님."

나는 집에 돌아오자마자 하선이에게 가서 말했다.

"하선아, 하선아. 엄마가 빅뉴스를 가지고 왔어!"

"무슨 빅뉴스?"

"네가 이화여대 의상디자인과에 들어가기만 하면 4년 동안 전액 장학금을 이랜드복지재단에서 지원받을 수 있어."

"정말? 엄마, 정말이야?"

"그런데 중요한 거는 이화여대에 가려면 적어도 내신 성적이 3등급 이상이어야 한다는 거야."

"엄마, 나는 그 정도로 공부를 잘하지 못하는데 어떻게 해."

"엄마는 너희들이 너무 공부에 매달리는 거 싫어. 대학 가서 써먹지도 못하는 어려운 수학과 과학을 왜 꼭 해야 하니?"

"내신 성적을 위해서는 어쩔 수 없잖아."

"하선아, 오늘부터 엄마랑 기도하자. 하선이도 언니처럼 하나님의 학교에 장학생으로 가게 해달라고…."

"그게 가능하겠어?"

"하은 언니는 이경미 권사님이 반, 학교에서 나머지 반을 대준 거잖아. 그런데 나는 아니잖아. 학교에서 전액 장학생으로 뽑겠어?"

"하나님이 하시면 못할 게 하나도 없어. 외국에서 3년 이상 공부한 학생들을 대상으로 하는 수시입학제도라는 게 있어. 엄마가 알기로는 이화여대에도 있을 거야. 하선이가 미국에서 영어도 배우고 공부도 하은 언니처럼만 하면 가능한 일이 될 거야."

"나도 언니 옆에 가서 공부하고 오면 좋지. 그런데 너무 엄청난 일이라 하나님이 안 들어주시면 어떻게 해?"

"하은 언니는 알고 기도했니? 무조건 기도하니까 하나님께서 들어주신 거지. 그리고 하선아, 언니가 왜 저렇게 글을 열심히 썼는지 알아?"

"…."

"하나님의 학교 이사장이신 신정하 장로님이 하은 언니의 글을 읽고 감동받아 하선이도 불러주길 바라는 마음으로 쓴 거야. 오직 너 때문에."

"정말 그런 거야?"

하선이의 눈에 눈물이 촉촉이 고이더니 이내 울음을 터트렸다.

"엄마, 나도 언니 옆에 가고 싶어. 언니랑 함께 공부하고 싶어."

"우리 함께 기도하자."

"알았어, 엄마. 나도 열심히 기도할게! 고등학교는 미국에 가서 공부하게 해달라고 정말 열심히 기도할 거야."

"그 사이에 미술학원에 다니면서 미리 준비하도록 하자."

미술학원 원장님은 초등학생들만 배우는 곳에 중학생인 하선이가 오는 걸 미안해하셨다.

"제대로 가르쳐주지 못하면 미안해서 어쩌지요."

"오히려 저희가 죄송하지요. 중학생들 다니는 학원은 너무 비싸서 보내기가 부담스러워서요. 학원비를 저렴하게 해주셔서 감사해요."

"제가 잘 지도해볼게요. 저도 재미있을 거 같아요."

하선이가 미술학원을 다닌 지 한 달쯤 되었을 때였다.

"어머니, 올리브 미술학원이에요. 하선이가 그림에 재능이 있어요.

어려서부터 그림을 그린 게 아니라 기초 실력이 부족할지 몰라도 감각이 뛰어나요. 이 정도면 올 일 년 공부해서 예고를 보내면 어떨까 하는데요."

"정말요?"

"강원도는 예고가 강릉에 있어요. 학비도 그렇게 비싸지 않고요. 저도 지금처럼 제가 가르치면 참 좋겠는데 재능이 너무 아까워요. 전문입시 미술학원에 보내서 제대로 교육을 받아보게 하면 어떨까 해서요."

"애들 아빠랑 상의해서 결정할게요. 하선이가 선생님을 만나 자신의 재능을 알아가는 거 같아 참 감사해요."

전화를 끊고도 한동안 감격스러워서 그 자리에 가만히 있었다. 하선이는 그냥 살아만 있어줘도 좋다고 한 아이였다. 재능이고 공부고 다 필요 없고 그저 숨만 쉬면서 살아 있어달라고 그렇게 매달리던 아이가 그림에 재능이 있다는 사실을 듣고 나니 예고를 보내고 안 보내고는 중요하지 않았다.

학교를 마치고 집에 온 하선이와 이야기를 했다.

"하선아, 너는 왜 의상 디자이너가 되려고 해?"

"엄마, 실은 지난 방학 때 하은 언니랑 진지하게 얘기를 많이 나누었어. 내가 그림 그리는 것도 좋아하고 가꾸는 거 좋아하잖아. 그러니까 언니는 내가 좋아하는 일을 하면서 돈을 벌었으면 좋겠다고 하더라고. 그래서 생각을 해봤지. 엄마가 서울에 다녀와서 이화여대 의상디자인과를 가면 좋겠다고 말해서 더 잘됐구나 생각한 거야."

"그런데 하은 언니가 왜 네가 돈을 벌었으면 좋겠다고 말한 거야?"
"하은 언니는 아프리카 선교사로 가면 돈을 못 벌잖아. 그러니까 나라도 돈을 벌어서 동생들을 책임져주면 좋겠다고 하더라고. 나도 언니 말이 맞는 거 같고."
"하선아! 너희는 자기가 좋아하는 일을 하면서 주님의 기쁨이 되는 삶을 살아. 동생들은 부모인 엄마 아빠가 책임져야지."
"엄마, 사랑이랑 다니엘이 스무 살이 되면 엄마는 예순 살이야. 남자애들이 전부 같은 학년인데 네 명 대학 등록금을 어떻게 한 번에 해결해. 그건 무리야."
"어린 너희들에게 엄마 아빠가 힘든 고민을 하게 했구나. 동생들을 사랑하고 책임지고 싶어 하는 마음을 가진 너희들이 너무 예뻐. 그런데 그런 건 부모들이 걱정하는 거야. 하선이는 하고 싶은 일 마음껏 하면서 주님의 일도 하고 어려운 이웃들을 도우면 돼."
"엄마, 그건 하은 언니랑 내가 알아서 할게. 난 내가 하고 싶은 일 하면서 동생들에게 도움을 주는 누나가 될 거야. 언니는 엄마 아빠랑 동생들 생각만 하는 거 같아. 언니는 벌써 십 년 뒤 우리 집을 생각하면서 기도하고 있대. 그 얘기 듣는데 소름이 돋았어."
"그러니?"
"나보고도 앞으로 일어날 일을 미리 생각하고 꿈꾸면서 기도하래. 지금 당장을 위해서 기도하는 것도 좋은데 미래를 위해 기도하면 상상만 해도 기분이 좋아지고 하나님이 우리를 막 도와주는 것처럼 느껴져서 행복해진대. 그래서 나도 십 년 뒤 내 모습을 위해 기도하고 있어. 그때의 내 모습에 책임 지는 아이가 되려면 지금 바르게 잘 자라야 된다고 언니가 말해줬어."

"그런데 하선아, 그 말 엄마가 전에 다 해준 말인데, 엄마가 말할 때는 지겨워하는 표정이더니 하은 언니가 말하니까 듣는 거니? 엄마가 조금 서운할라 그런다."

"엄마가 언제 얘기했지? 난 왜 기억이 없지?"

"너, 진짜…."

"헤헤헤! 엄마, 원래 엄마가 말하면 다 잔소리로 들리거든. 그런데 언니가 말하면 꼭 들어야겠다는 느낌이 들어. 그냥 그 차이야."

"나 참. 기가 막혀서. 할 말이 없다."

"워낙 자식들이 알아서 잘 크니 엄마가 할 말이 있겠어."

"엄마가 졌다. 두 손 다 들었다."

어느 틈에 부쩍 자란 아이들을 보면서 내 힘으로 키워보겠다고 발버둥 치던 시절이 생각났다. 학원에도 보내고, 과외도 시키며 세상 교육을 통해 아이들이 최고가 되길 바라는 극성 엄마의 시절이 있었다. 하지만 돈으로도, 의술로도, 부모의 극성스러운 사랑으로도 하선이를 살리지 못한다는 걸 깨닫는 순간, 오직 주님만이 아이들을 바르게 양육할 수 있는 길이라는 사실을 알게 되었다. 수업료라면 많은 수업료를 지불하고 알게 된 소중한 진리다.

사교육보다는 가정과 세상 속에서 더 많은 것을 배울 수 있기에 아이들과 함께 봉사활동을 하고 자전거 여행을 하며 지내왔다. 그런 날들이 결코 헛된 것이 아니였음을 주님은 하은이와 하선이를 통해 알게 하셨다. 아이들 학원비를 헌금하면서 주님께 그들을 책임져달라고 울부짖었다. 그 기도에 신실하게 응답하신 주님으로 인해 아이들이 엄마 아빠를 사랑하고 동생들을 위할 줄 아는 아이들로 성장하고 있었다.

"엄마, 그런데 나 예고에 안 가면 안 돼? 어차피 의상디자인과는 그림 실력을 안 보잖아. 예고 가기 위해서 학원에 다니면 아침 일찍 나갔다 저녁 늦게야 들어오니까 동생들과 함께 있는 시간도 없잖아. 나는 지금처럼 저녁에 온 가족이 거실에 모여 놀고 싶어."

"하선아, 너 혹시 학원비가 부담스러워 그러니?"

"그렇다고 말하기는 그런데, 아니라고 말하기도 그렇고…. 제일 중요한 거는 내가 너무 힘들 거 같아서 그래."

"그래, 그럼 예고는 생각하지 말자. 엄마는 우리 하선이가 하나님의 학교로 가서 언니랑 같이 공부하면 좋겠어. 대학은 한국으로 오면 되니까. 우리 그렇게 기도하자."

"응, 엄마. 나도 언니처럼 내 꿈을 꼭 이루어달라고 주님께 더 기도할 거야. 그런데 엄마! 내가 의상디자이너가 되어 제일 처음 만든 옷은 하나님께 드리고 싶은데, 하나님은 내 옷을 어떻게 입으셔?"

"하하하! 하선이가 그런 생각까지 했구나. 그 마음을 담아 어려운 청소년들에게 하선이가 만든 옷을 주면 되지. 그 옷을 입고 하선이처럼 꿈을 꾸고 그 꿈을 위해 기도하라고 말하면서…. 하선이는 아이들에게 꿈을 심어줘서 좋고, 그 아이는 예쁜 옷을 입고 꿈을 꿔서 좋고, 하나님은 하선이의 멋진 옷을 보면서 행복해서 좋고."

"알았어, 엄마. 그렇게 할게! 나도 언니처럼 누군가에게 도움을 주는 사람이 될 거야!"

"그래, 고맙다. 우리 딸 하선이!"

아이들과 얘기를 하다보면 이토록 대견하고 의젓한 아이들이 내 아이들이 맞는지 돌아보게 된다. 사춘기를 겪으면서 부모를 힘들게 하는 아이들이 많은데 오히려 가족에게 도움이 되고 누군가에게 힘이 되어주고 싶어 하는 우리 아이들을 보면서 늘 고맙다.

I LOVE YOU GOD

호떡 뒷바라지

우리 집의 자랑인 셋째 하민이는 학년이 올라갈수록 수영 실력이 부쩍부쩍 성장했다. 2013년 4월에 열린 강원도체전에 강릉 대표로 출전하여 5, 6학년 시합에서 6학년들이 금메달과 은메달을 받고 5학년인 하민이가 동메달을 두 개나 받았다. 수영 감독님은 5학년이 동메달을 받았으니 내년에는 하민이의 독무대가 될 거라며 좋아하셨다.

수영 부분은 금메달과 은메달만 전국체전에 나가는 거라 아쉽게도 이번에는 출전하지 못했지만 내년에는 하민이가 전국체전에서 메달을 따는 상상을 하며 주님께 감사의 기도를 드렸다.

"아부지, 고맙구먼유. 정말 고맙구먼유!"

그로부터 한 달 뒤, 전국 마스터즈수영대회가 성남에서 열렸는데 하민이가 은메달 한 개를 목에 걸었다. 우리 집은 완전 축제 분위기였다. 다른 아이들에 비해 늦게 수영을 시작한 하민이는 기초가 약해 초등학교 시절엔 메달을 따는 게 쉽지 않을 거라 생각했다. 그런데 하민이가 메달을 목에 걸고 들어오는 날이 많아지자 욕심이 생기기 시작했다.

'빨리 금메달을 받으려면 오후에만 운동해서는 부족하지 않나? 새벽반까지 운동을 해야 하는 건 아닌가?'

조급한 마음에 코치님과 이야기를 나누었다.

"우리 하민이는 다른 아이들보다 연습을 더 해야 하지 않나요?"

"어려서부터 수영을 한 아이들은 아무래도 기본기가 탄탄하고 체형이 잡혀 있어서 좋은 점도 있지만, 슬럼프가 빨리 찾아오는 단점도 있어요, 어머니."

"그럼, 우리 하민이는 슬럼프가 좀 늦게 오겠네요."

"그렇지요. 너무 어린 나이에 슬럼프가 오면 스스로 조절을 못해요. 초등학교 5,6학년이 뭘 알겠어요. 운동이 쉬운 건 아니잖아요. 잘하다가도 자기가 하기 싫으면 못하는 거예요. 그 시기를 잘 극복해야 되는데 아이들이라 힘들어요."

"아, 네."

"오히려 늦게 시작한 하민이는 슬럼프를 다른 아이들보다 늦게 겪잖아요. 중학생 시절에 슬럼프가 오면 자신이 운동 아니면 안 된다는 걸 알거든요. 공부만 하는 아이들과 비교해서 학교 성적도 조금은 떨어져 있을 테고, 다른 운동하는 친구들을 보면서 더 열심히 연습해야 된다는 걸 알기에 슬럼프를 빨리 극복할 수 있어요. 오히려 더 좋은 기량을 발휘하기도 하죠. 그래서 우리는 기본기만 탄탄하게 잡아주고 무리한 운동은 안 시켜요. 역효과가 나는 아이들이 많으니까요."

"그러면 지금 하고 있는 운동이 하민이에게 적당하다는 거죠?"

"그럼요, 적당해요. 아이들에게 운동을 더 많이 시키면 당장은 시간도 당겨지고 눈에 보이는 게 있지만 수영에 천부적인 재능을 가진 몇 명의 아이들을 제외하고는 중고등학교 올라가면 별 차이 없어요. 오히려 어렸을 때 금메달을 따는 아이들은 더 올라갈 데가 없게 되고 자신의 한계에 부딪혀 힘들어해요. 지금 하민이는 정상적으로 잘 가고 있어요. 키도 크고 팔다리도 길고 수영하기에 아주 좋은 체격을 가졌어요. 천천히 여유 있게 가는 게 더 좋아요. 운동은 보이지 않는 나와의 싸움이에요. 옆 아이와 싸워서 이기는 거 아무 소용없어요. 오직 자신과 싸워 이겨야 해요. 하민이는 의지력이 강해서 분명 잘할 거예요. 저는 그렇게 믿어요."

"감사합니다. 수영을 늦게 시작했다는 생각에 그만 마음이 급해가지고요."

코치님과 대화를 나누면서 무슨 일이든지 빨리 결과를 보고 싶어하는 내 방법이 옳지 않음을 알게 되었다. 더 나은 기량을 위해서 많은 연습도 중요하겠지만 무엇보다 수영을 즐기면서 하는 하민이의 마음이 더 중요함을 느꼈다.

집에 와서 하민이에게 물었다.

"하민아, 더 재미있게 수영하려면 뭘 하면 좋을까? 엄마가 하민이를 위해서 어떻게 뒷바라지를 하면 좋을까?"
"엄마, 그럼 운동하기 전에 매일 호떡 하나씩 사줘."
"뭐, 호떡? 하하하! 하민이답다."
"난 아빠가 집에 가는 길에 사주는 호떡이 너무 맛있어. 차 안에서 호떡 먹고 있으면 기분이 정말 좋아. 그 호떡 하나면 돼."
"알았어. 하민이가 원하는 게 호떡이면 엄마가 매일 사줄게. 그런데 잠깐만 하민아, 그 호떡이 하나에 700원이지. 토요일, 주일 빼고 한 달이면 20일이 조금 넘네. 계산해보면 그것도 15,000원이 넘는다. 매일 사준다고 한 말 잠시 생각해봐야겠다."
"엄마, 그런 게 어딨어. 방금 사준다고 했잖아! 약속은 지켜야지. 사준다고 했으니까 무조건 매일 하나씩 사줘야 해."
"무조건 사준다고는 안 한 거 같은데…. 엄마가 생각해본다고 한 거 아니냐."
옆에 있던 하선이가 나섰다.
"무슨 소리야. 옆에서 들으니 엄마가 뒷바라지한다고 하면서 사준다고 하던데."
"아니, 그게 아니고… 엄마는…."
"이제 끝났어. 하나님 아버지께서 들으시고 하민이 호떡 사주라고 말씀하셨어."
"엄마는 못 들었는데…."
"내 귀에도 들리는데 무슨 소리야. 엄마는 그러고도 하나님의 딸 맞아?"

"아니, 여기서 그 말이 왜 나와. 호떡 하나 가지고! 그리고 하민이는 가만히 있는데 하선이, 네가 왜 난리야. 참 나!"
"엄마, 생각해봐. 하민이가 메달을 많이 받아와서 엄마랑 우리 식구들을 얼마나 많이 웃게 하는데, 매일 호떡 하나를 안 사주면 하나님이 기뻐하시겠냐고…."
"참 나!"
"참 나만 하지 말고 생각을 해. 엄마가 늙어가니까 생각을 안 하는 거 같아."
"호떡 하나 가지고 이제는 엄마 늙는 거까지 나오니? 내가 할 말이 없다."
"그럼 하민이에게 매일 호떡 하나씩 사주는 거다. 하민아, 학교 끝나면 호떡 한 개씩 먹어."
"응. 언니, 고마워!"
"아니 호떡은 내가 사주는데 왜 언니한테 고맙다고 하냐? 참 나!"
"엄마가 생각해본다는 거 언니가 말해서 사준다고 하는 거잖아. 그러니까 언니한테 고맙다고 해야지."
"이거야 원. 호떡을 사주고도 고맙다는 말을 못 들으니…."
"그러니까 엄마, 계산을 먼저 하면 안 돼. 우리 하나님 아버지가 언제 '정희야, 너는 먼저 계산하거라' 그러시느냐고? 엄마는 계산을 먼저 하다가 고맙다는 소리도 못 듣는 거야."
하선이의 말을 듣고 있으니 자식 앞에 오히려 부끄러운 엄마란 생각이 들었다. 뒷바라지하겠다고 큰소리 쳐놓고 호떡 값을 계산하고 있는 엄마의 모습을 아이들에게 들키고 말았으니 말이다.

'아이고, 아부지! 저를 용서해주세요.'

'그래서 너의 인생 교사인 아이들을 내가 아홉 명이나 보내지 않았니. 아이들을 통해서 더욱 많이 배우거라.'

'아이들이 나의 인생 교사라고요?'

'정희야, 네가 아이들을 키우면서 더욱 나와 친밀해지지 않았니. 아이들을 통해 내 마음을 더 많이 알게 되었고…. 그러니까 아이들이 너의 인생 교사지.'

'그러네요, 아버지. 아이들이 제 삶에 교사임을 깨닫고 더욱 아이들의 말에 귀 기울일게요. 잘못했구먼유.'

하선이에게 큰 가르침을 받고 끝난 호떡 사건을 통해 삶은 결코 계산해서는 안 된다는 걸, 아버지는 우리에게 결코 계산하는 분이 아니라는 걸 다시 알게 되었다.

스스로 꿈꾸는 아이들

"엄마."

"응, 햇살아."

"엄마."

"왜 햇살아."

"엄마…."

"아들, 이번이 세 번째 부르는 거다. 할 말 있으면 얼른 말하세요."

"엄마, 요한이 형은 공부를 잘하잖아. 그리고 사랑이랑 다니엘은 스케이트를 잘 타고."

"그렇지."

"하민이 누나는 수영을 잘하고."

"그러네."

"그런데 엄마, 나는 그림을 잘 그리는 거 같아."
"그러니? 햇살이도 하선이 누나를 닮아 그림을 잘 그리는구나."
"응. 그래서 말인데 엄마, 나 미술학원에 일 년만 보내주면 안 돼? 나 진짜 그림이 그리고 싶어."
"우리 아들 미술학원에 다니고 싶구나. 하선이 누나처럼 햇살이도 그림 그리고 싶었구나."
"응, 엄마. 나도 그림 그리고 싶어."
"그렇게 미술학원에 가고 싶었던 거야? 그럼 하선 누나 갈 때 같이 보내달라고 하지."
"엄마가 힘들 거 같아 말을 못했어."
"아들, 이리와. 우리 아들이 엄마를 너무 생각해주는 게 엄마는 더 힘들다. 애들은 애들답게 말해, 엄마 눈치 보지 말고. 엄마가 그러면 미안하잖아."
"알았어, 엄마. 그럼 나 언제부터 미술학원 다녀?"
"엄마가 학원에 전화해볼게. 일주일 내내 다니면 엄마도 조금 부담스러우니까 일주일에 세 번 가면 얼마인지 알아보고 말해줄게, 우리 아들."
"응. 알았어, 엄마."

미술학원에 다니기 시작한 햇살이는 정말 좋아했다.
"엄마, 나 미술학원 다니는 거 너무 재미있어. 그림 그리는 게 이렇게 재미있을 줄 몰랐어. 엄마, 고마워!"

"엄마는 너희들이 하고 싶은 일을 하면서 살았으면 좋겠어. 부모에 의해 강제로 하는 게 아니라 너희들이 원하는 일을 하는 거 말이야."

"알았어, 엄마. 노력할게."

미술학원을 다닌 지 한 달 정도 지났을 때 햇살이가 학원에 다녀오더니 나를 보며 말했다.

"엄마, 선생님이 집 그리기 공모전이 있는데 나 보고 나가래. 그래서 요즘 행복한 우리 집을 생각하며 그림을 그리고 있어."

"햇살아, 우리 집이 행복해?"

"응, 엄마. 우리 집은 진짜 행복해."

햇살이의 말 한마디에 나는 하늘을 쳐다보며 눈만 끔벅끔벅했다.

햇살이는 집 그리기 공모전에 그림을 제출했다. 첫 공모전에 참가했다가 상을 못 받으면 실망할까 걱정이 되었다.

"햇살아, 너는 아직 어려. 그냥 참가에 의의를 두자."

"알았어, 엄마."

보름 뒤에 미술학원 원장님께 전화가 왔다.

"어머니, 축하해주세요! 햇살이가 강원도 집 그리기 공모전에서 우수상을 받았어요. 강릉에서는 햇살이만 상을 받았어요."

"네? 정말이요?"

"교육청과 건설협회가 함께 주최한 거라 상품이 있어요. 문화상품권 10만 원이래요."

"우와, 첫 대회에 나가서 아주 큰 상을 받았네요. 우리 아이들이 선생님 복이 있나봐요. 너무 좋은 선생님을 만나 참 감사해요."

"아니에요. 저도 아이들과 함께해서 참 좋아요."
집에 돌아온 햇살이가 큰 소리로 나를 부르며 말했다.
"엄마, 나 상 받았어. 이것 봐! 우수상장과 상품이야. 문화상품권 만 원짜리가 열 장이야 엄마!"
"이야, 우리 햇살이 제법인데!"
"엄마, 여기 상품권. 이거 기부해!"
"기부?"
"응, 하은이 누나도 상품으로 받으면 다 기부하잖아. 나도 기부할 거야. 상품권이 필요한 사람에게 나눠줘!"
"우리 아들 정말 기특하다. 엄마는 우리 아들이 상을 받은 것보다 받은 상품권을 기부하는 게 더 자랑스럽다. 그럼 이거는 엄마가 후원하는 주문진에 있는 중학생 누나에게 책 사라고 줄게."
"응. 엄마, 나는 이다음에 크면 예수님을 그리는 만화가가 되고 싶어. 그래서 엄마 책 내주는 규장에 취직할 거야."
"정말? 크하하. 미리 규장의 여 대표님께 우리 아들 인사시켜야 되겠다. 엄마가 어렸을 때 그림 그리는 동화 작가가 되고 싶었는데, 우리 아들이 엄마가 꾸었던 꿈을 꾸네. 꼭 그 꿈을 이루렴."
"알았어, 엄마!"
"우리 아들, 참 고맙다, 정말 고마워!"

I LOVE YOU GOD

행복을 주는 아이

다니엘과 사랑이는 함께 쇼트트랙 훈련을 열심히 받으며 나름 선수다운 면모를 보여주었다. 하은이는 미국 '하나님의 학교' 에서 변함없는 모범생으로 잘 지내고, 하민이는 수영대회만 나가면 메달을 따와서 우리에게 기쁨을 안겨주었다. 공부를 잘하는 요한이는 나중에 커서 외교관이 되겠다며 큰소리를 친다.

"엄마, 난 나를 낳아준 분의 나라인 베트남에 외교관으로 갈 거야. 그래서 이렇게 잘 자라서 외교관이 되었다고 베트남에 가서 전도할 거야. 그러면 사람들이 예수님을 많이 믿을 거 같아."

"우리 요한이 참 자랑스럽네. 그 꿈을 꼭 이루길 바라."

"알았어. 엄마, 그리고 난 외교관이 되면 엄마처럼 책을 쓸 거야. '하나님의 외교관' 이라는 책 제목도 생각해놨어."

"하하하! 정말 재밌다. 그 꿈이 이루어지게 해달라고 기도 많이 하자."
옆에서 대화를 듣고 있던 다니엘이 끼어들었다.
"엄마, 나도 이다음에 쇼트트랙 국가대표가 되면 책을 낼 거야."
"다니엘 너도?"
"응, '하나님의 국가대표' 라고 제목도 생각해뒀어."
"하하하! 이 얘기를 규장의 여진구 대표님께 말하면 웃겨 죽는다고 하겠다. 은근 부담스러워하겠는데?"
"왜 부담스러워?"
"너희들 책을 내야 하나, 말아야 하나 얼마나 신경이 쓰이겠냐. 하하하. 엄마는 너희들이 책을 내겠다고 말한 것만으로도 참 행복하다."
"엄마, 진짜라니까. 그래서 내가 요즘 스케이트를 진짜 열심히 타. 국가대표가 되려고!"
"우리 다니엘이 참 기특하네. 사랑이랑 같이 꼭 형제 국가대표가 되어 주님이 하실 일을 세상에 알려줘. 그럼 아버지께서 굉장히 기뻐하실 거야. 우리 다니엘이 이 마음을 갖고 살다보면 언젠가는 그 꿈이 꼭 이루어져 있을 거야."
"알았어, 엄마!"
그 순간 내 안에서 기도가 나왔다.
'아버지, 아이들과 이렇게 행복한데 이제 입양은 그만 하고 싶어요. 지금이 정말 좋아요. 우리 부부까지 합치면 아홉 명이니까 우리가 타고 다니는 봉고차도 적당하고요. 아버지 이제는 그만이에요.'
'딸아, 세상에는 수많은 아이들이 울고 있구나. 그 수많은 아이들을

위해 가정을 선물하고 나를 알리는 일을 계속해주길 바란다.'

'아버지, 저는 정말 그만하고 싶어요. 우리 아이들과 지금처럼 행복하게 살고 싶어요.'

'딸아, 너에게 열 명의 자녀를 허락한다고 말하지 않았니? 열 명의 자녀를 잘 키워 세상에 내보내주렴.'

'그러면 신생아를 한 명 키우고 싶어요. 세 살 때 온 하선이를 빼고는 다들 다섯 살, 여섯 살, 아홉 살에 우리 집에 왔잖아요.'

신생아를 입양하겠다는 생각은 해본 적이 없었다. 입양이 되지 않은 아이들을 입양하다 보니 어느 정도 자란 아이들만 보게 되었고, 그들이 길 잃은 한 마리 어린 양이라고 생각했다. 신생아는 홀트아동복지회나 동방사회복지회에서 꾸준히 입양되고 있기에 입양이 어려운 연장아를 데려오는 게 더 가치 있고 보람 있는 일이라고 생각했다. 그런데 어느 틈엔가 엄마 품에서 분유를 먹고 있는 아이들을 보면서 한 명 정도는 꼭 신생아를 키우고 싶다는 생각이 들었다.

하지만 공부방을 운영해야 해서 강릉과 대전을 오가느라 신생아를 키울 엄두를 내지 못했다. 이제는 대전에 자주 내려가지 않고 강릉에서 아이들과 있다 보니 가슴에서 내려놓았던 일을 해보고 싶어졌다. 어차피 아이들을 더 품어야 한다면 이번엔 꼭 신생아를 키우겠다는 마음에 아버지에게 신생아를 입양하고 싶다고 강하게 말했다.

'아부지, 신생아를 보여줘유. 얼굴도 하얗고 예쁘게 생긴 남자아이유.'

우리 아이들이 전에 살았던 늘사랑아동센터의 김용숙 원장님께 전화가 왔다.

"사모님, 잘 지내시죠."
"늘 변함없이 잘 지내고 있어요."
"아이를 더 입양하겠다고 하셔서 전화했어요. 실은 이번에 파양을 하는 아이가 있어요. 이미 가정에서 살던 아이라 가정으로 가는 게 좋을 거 같아서요."
"아, 네."
"그 아이는 지금 열 살이에요. 남자아이고요. 쉬운 아이는 아니에요. 길거리에서 잠을 자기도 하고 상습적으로 돈을 훔치기도 하나 봐요. 그 분들도 교회에 다니는데 더는 감당을 못하겠다고 하시네요."
"…."
"저희가 입양기관을 폐쇄한 거 아시지요? 입양할 아동도 없고 해서 폐쇄 신고를 하고 나니 이런 일이 일어났어요. 동방사회복지회와 연결해서 그쪽에서 입양 담당 서류를 진행할 거예요. 제가 그쪽 소장님과 연결해드릴게요."
"알겠어요. 그럼 대전에 가서 소장님을 만나 뵐게요."
'그렇지유, 아부지. 신생아는 무슨… 꿈을 접어야겠네유.'
입양법이 새로 만들어지면서 입양 부모 교육을 다시 받으러 남편과 함께 동방사회복지회 사무실로 갔다. 쉬는 시간이 있어서 입양되기 전까지 잠시 맡아서 키우고 있는 신생아실에 들어가 봤다.
이목구비가 시원하게 생긴 남자아이에게 시선이 갔다.
"소장님, 이 아이 참 잘생겼네요."
"그 아이는 엄마가 대학생이에요. 어쩔 수 없이 아이를 입양 보내는 건데 아빠도 알고 다 괜찮아요. 저 정도 아이는 바로 입양이 될 거예요. 지금 입양법 때문에 통과된 가정들이 없어서 어쩔 수 없이 아이들이 이렇게 많이 기다리고 있어요."

"그럼, 제가 지금 진행하고 있는 아이를 입양하고 나서 바로 이 아이를 입양하면 안 될까요? 제가 신생아를 키워보는 게 소원이거든요."

"사모님네는 아이들이 너무 많잖아요. 입양은 그만하시고 지금 아이들만 잘 키우시는 것도 좋을 거 같아요."

"제가 그 말을 무진장 많이 들어요. 그건 사람들의 생각이고요. 우리 아부지는 그렇게 생각을 안 하세요. 열 명의 자녀를 우리 부부에게 맡긴다고 하시니까요."

"저는 입양을 또 권할 수는 없을 거 같네요."

"나중에 다시 얘기해요. 지금 아이도 아직 입양이 안 되었는데 다음 아이를 얘기하기는 그러네요."

부모 교육을 다시 받고 바뀐 입양법에 따라 많은 서류를 준비하면서 여덟 번째 아이가 오기를 기다리고 있었다.

두 달 정도를 더 기다린 다음에야 김용숙 원장님의 전화를 받았다.

"아이를 파양한 엄마가 그 아이를 파양하는 것만 주님의 뜻이고 아이를 내보내는 건 아직 응답을 못 받았다면서 아이를 안 보내겠다고 하네요."

"아니, 그러면 어떻게 하겠다고…."

"호적에서는 아이를 빼고 가정 위탁으로 키우려고 하는 거 같아요. 아이는 1인 수급자가 되었으니까 키우기는 훨씬 수월하겠지요."

"그럼 저는…."
"아무래도 이번 입양은 어려울 거 같아요. 저렇게 아이를 안 내놓으려고 하니…."
다니엘이 오기 전 열 달간 필리핀 아이를 데려오려고 준비했다가 결국 아이를 필리핀으로 돌려보내는 아픔을 겪은 적이 있었다. 한 번 경험한 일이라 이번에는 괜찮을 줄 알았는데 힘들기는 마찬가지였다. 아이의 얼굴을 보지 않았어도 이미 마음속에 품고 있었기에 그 아이는 내 아이가 되어 있었다. 가슴을 끌어안고 오지 못하는 아이를 위해서 한참을 울었다.

아이를 잃은 아픔은 다시 아이를 가슴으로 품으면서 치유된다는 걸 알기에 계속해서 울고 있을 수만은 없었다. 강릉에 있는 입양기관 자비원에 전화를 해서 남편과 함께 무작정 찾아갔다.
"이미 많은 아이들을 입양하셨는데요."
"원장선생님, 저는 열 명의 아이들을 제 호적에 올리고 싶어요. 그게 주님의 뜻이기도 하고요. 자비원은 불교에서 운영하는 곳이지만 종교를 떠나 아이들을 품고 싶은 엄마의 마음을 이해해주시고 아이를 입양할 수 있도록 도와주세요."
"저는 어머니께서 아버님과 함께 방문하신 걸 보고 처음부터 믿음이 갔어요. 아이를 입양하고 싶어 하는 간절한 마음이 전해지네요."
"감사합니다. 그런데 아이는 있나요?"
"현재 세 명 있어요. 이제 8개월 되는 신생아들인데요. 남자아이가 둘, 여자아이가 한 명 있어요. 그중에 남자아이가 어머니도 닮은 거 같고 아버지도 닮은 거 같네요. 서류를 준비해서 다음 주 월요일에 여기서 다시 뵙지요."

"알겠습니다. 다음 주 월요일에 다 준비해올게요."

남편이 말했다.

"신생아를 감당할 수 있겠어유?"

"걱정 마유. 내가 신생아를 입양하고 싶다고 노래를 불렀잖아유. 분명 지난번에 입양하려고 한 아이는 우리 아이가 아니었어유. 이번에는 내 아이가 저곳에 있다는 게 강하게 느껴져유. 나 꼭 신생아를 키울 거야. 그것도 피부가 하얗고 예쁜 아이를…."

"어디 그게 내 맘대로 되남유."

"아까 원장님이 아이가 세 명 있다고 말씀하셨잖아. 다음 주에 가서 가장 예쁜 아이를 데려올 거야. 이번엔 나도 아이를 고를 수 있다고유."

한 주 동안 보건소에 가서 건강검진을 받고 필요한 서류를 준비하느라 정신없이 보냈다.

드디어 아이를 보러 가는 날이 되었다.

'얼굴이 하얗고 예쁜 아이가 오기를… 아부지.'

얼마나 간절하게 기도했는지 겨울인데도 이마에 땀이 맺혔다.

자비원에 도착하여 원장실에 들어갔다.

"아이를 보시지요."

"예."

기대하며 아이들을 기다렸다. 그런데 문이 열리고 보육사의 품에 안겨 들어온 아이는 딱 한 명이었다.

'세상에나 다니엘보다 더 눈이 작은 아이가 있다니!'

게다가 얼굴은 마치 짜장면이 연상이 될 정도로 새까맸다. 아이는 낯선 환경이 불안했는지 울기 시작했다.

'아니, 세 명 중에 고르는 게 아니었나요.'

말은 못하고 속으로 되뇌며 억지웃음을 지은 채 아이를 쳐다봤다.

울고 있는 아이를 남편이 먼저 안았다.

"아이가 감기에 걸렸나봐요. 콧물이 조금 흐르네요. 볼이 불그레한 게 아토피가 있나 봅니다."

"아버님이 아이의 상태를 잘 아시네요. 약간 감기가 있고요. 몸에 아토피가 미약하게 있습니다."

내 눈에는 얼굴이 까맣고 눈이 작은 것만 들어오는데 남편은 잠깐 사이 아이의 아픔을 먼저 바라보고 있었다.

"아이도 봤고 오신 김에 데리고 가시지요."

"예, 예…."

"키우면서 서류 정리를 하지요. 아이들을 많이 키워보셨으니 더 설명드릴 것도 없네요. 내일 입양 담당 선생님께서 가정방문을 가실 거예요. 그때 나머지 자세한 얘기 나누기로 하구요."

아이에 대해 제대로 말도 나눠보지 못하고 아이가 먹고 있는 분유 한 통만 가지고 밖으로 나왔다. 집으로 오는 차 안에서 정신이 번쩍 들었다.

"하은 아빠, 내가 지금 뭐 한 거야. 이번에도 그냥 한 아이만 보고 데리고 왔네. 그러려고 한 게 아닌데…."
"허허허, 우리가 자식을 선택할 권한은 절대 없나봐유. 아이가 이렇게 우리를 선택해서 왔구먼유. 아이가 개성 있게 생겨서 좋네유."
"개성은 엄청 있게 생겼어유. 귀엽기도 무진장 귀여울 거 같아유. 그나저나 지금 기저귀도 없구 현재 가지고 있는 돈 있남유."
"만 원짜리 한 장도 없어유."
"나도 돈이 하나도 없는데유. 사례비를 받으려면 아직 열흘이나 남았는데 큰일 났네유. 생각없이 아이부터 데리고 왔네유."
"그럼, 어떡해유. 도로 데려다 줄 수는 없잖아유."
"할 수 없지유. 수학공부방 정동주 선생님 부인인 문 집사에게 도움을 청해야지유."
"지난번에도 누군가 도우라고 봉투 가지고 오지 않았남유. 때마다 미안하네유."
"그러게유. 그렇지만 기쁨으로 달려올 거예유."
나는 문 집사에게 전화를 했다.
"문 집사, 지금 여덟 번째 아이 데리고 집에 가고 있어."
"어머, 사모님. 정말이에요?"
"그런데 문 집사가 해줄 게 있어."
"말만 하세요. 사모님, 제 조카가 한 명 더 생기는 건데 당연히 해야지요."
"지금 우리가 가진 돈이 하나도 없어. 아이가 먹고 있던 분유 한 통 들고 가는 중이야. 열흘 후면 하은 아빠 사례비가 들어오는데 그 안에 필요한 아이 용품 좀 사다주라."
"걱정하지 마세요. 제가 동주 씨랑 얼른 시장 봐서 사모님 댁에 갈게요. 조금만 기다려요. 헤헤헤."
"어째 나보다 더 좋아하는 거 같다."
"그런가요? 지금 기분이 너무 좋아요. 이제부터는 아이들이 오는 걸 제가 다 볼 수 있어서 기대되고 막 흥분되요."
"참 나."
문 집사가 사온 아이용품을 펼쳐보면서 신생아에게 필요한 물건이 이렇게 많다는 걸 새삼 알게 되었다.
"이 많은 걸 다 사왔어? 열흘 쓸 거만 사오라니까."
"사모님 다 필요한 거예요. 그리고 어떻게 열흘 쓸 거만 사와요. 기저귀도 넉넉하게 사왔으니까 한동안은 쓸 거예요. 그리고 우유 타는 법은 아세요? 신생아는 손톱 발톱을 이 가위로 깎아야 해요. 그리고 이는 이걸 손가락에 끼어서…."
"나 일곱 명이나 키운 사람이야. 신생아 한 명 못 키울까…."
"호호호. 그러네요. 제가 흥분을 해서요. 근데 아이가 너무 작아요."
"원래 시설에 있는 아이들이 좀 작아. 한 사람이 밀착해서 아이를 돌봐야 하는데 시설은 두 사람이 돌아가면서 보잖아. 그러다보면 아이들이 불안한 증상을 보이곤 해. 예민해지기도 하고. 그러니 살이 안 찌는 거 같아. 얘는 보기에도 예민해 보이잖아."
"이름은 뭐라고 지으셨어요?"

"응, 행복이."

"행복이요?"

"저기 목사님 봐. 벌써 아이 안고 좋아서 죽잖아. 그래서 행복이라고 지었어. 이 아이로 인해 우리 모두가 더 행복해지라고."

"행복이. 이름이 정말 좋아요."

새까맣고 눈이 작은 행복이는 첫날부터 정신없이 울어댔다. 우유도 많이 먹지 않고, 하루에 한 번은 토하고, 기저귀는 쉴 새 없이 갈아댔다. 잠시도 아이에게서 눈을 뗄 수가 없었고 하루 종일 아이를 안고 있어야 했다. 팔이 아파 잠시 바닥에 내려놓으려고 하면 악을 쓰면서 울기 시작했고 다시 안으려고 하면 까르르 웃었다. 반달눈으로 웃고 있는 행복이를 보면서 얼굴이 까맣다고, 눈이 작다고 불평했던 걸 바로 회개했다.

'아버지, 이렇게 귀엽고 예쁜 아이를 제가 왜 눈이 작다 하고 얼굴이 까맣다고 했는지 모르겠어요. 너무 귀엽고 사랑스러운 아이라는 걸 알겠구먼유. 자식을 선택하려 했던 저를 용서해주세요. 행복이로 인해 우리 가족은 엄청 행복해요.'

'딸아, 나는 세상의 어느 누구도 선별해서 내 자녀를 삼은 게 아니다. 너희들이 모두 내 자녀이기에 사랑한 거란다. 너희들의 있는 그대로의 모습을 사랑한다.'

행복이는 오늘도 변함없이 온몸이 까맣고 눈이 작다.

"하선아, 행복이가 눈이 컸다면 지금처럼 이렇게 귀여울까?"

"아니지, 엄마. 행복이는 눈이 작은 게 매력이야. 너무너무 귀여운 내

새끼야."
"말은 바로 하자. 어떻게 행복이가 네 새끼냐. 엄마 새끼지."
"엄마, 행복이는 정말 귀여워. 왜 하민이가 학교도 안 가고 행복이만 보고 싶다고 하는지 알 거 같아. 행복이는 얼굴이 까만 것도 귀여워."
"크크크. 너 하민이 앞에서 행복이 얼굴 까맣다고 절대 말하지 마. 하민이는 행복이가 세상에서 가장 예쁘다고 생각하는데 기분 나빠해."
"눈이 작고 얼굴이 까만 건 사실이잖아. 그런데 하민이는 행복이가 눈이 크고 얼굴이 하얘서 예쁘다는 거 있지? 그럴 때는 내가 정말 미쳐."
"그러니까 하민이 앞에서는 그냥 무조건 예쁘다고 해. 알았지?"
"알았어. 엄마."
"하민이는 행복이가 조건 없이 그냥 예쁜 거야. 옛날에 하은 언니가 사랑이를 조건 없이 예뻐했던 것처럼. 그러니까 괜히 지난번처럼 행복이 못생겼다고 말해서 하민이 울게 하지 말고. 알았지?"
"알았다니까! 나도 하민이가 우는데 엄청 당황했어."
"크크크…."

행복이는 온 가족의 사랑을 받으며 점차 안정을 찾아갔고 바닥에 내려놓아도 형들하고 깔깔거리며 오랜 시간 놀기도 했다. 먹는 양도 늘어나서 분유를 한 달에 대여섯 통씩 먹기 시작했는데, 하루가 다르게 바닥을 보이는 분유통을 보면서 그 안에 한숨을 담는 날이 많아졌다. 미혼모들이 아이를 키우고 싶어도 분유값과 기저귀값을 감당 못해 입양 보낸다는 말을 이해하지 못했는데, 막상 신생아를 키워보니 없는 살림에 아이를 키운다는 게 마음만 앞선다고 되는 일이 아님을 절실히 깨달았다.

분유 먹는 양이 늘어나면서 행복이가 하루에 소비하는 기저귀가 8,9개 정도 되어 한 박스를 풀면 일주일도 안 되어서 없어졌다. 분유도 한 통 사와서 다 먹고 나면 다시 가서 사오는 일이 일상이 되어 가고 있었다. 하루는 분유를 타기 위해 물을 끓이고 있었다.

"엄마, 행복이 기저귀 없어? 지금 이게 끝이야?"

"응, 없는데. 벌써 다 쓴 거야? 큰일 났다. 엄마 돈도 없는데…."

"지난번에 이모가 준 돈 중에 만 원 남았는데 이걸로 기저귀 못 사?"

"기저귀 한 박스에 최소 2만 원이 넘어. 집에 있는 100원짜리 다 모아 봐. 혹시 기저귀 한 박스 살 정도 되는지."

"100원짜리 어제 두부 사고 콩나물 사고 우유 사느라 다 썼어."

"그럼 어떡해. 행복이 기저귀. 아버지이… 후유."

너무 답답해 분유통만 만지작거렸다.

'분유통 아래를 보아라.'

마음에 울리는 소리를 듣고 무의식적으로 분유통을 들어 아래를 바라보았다.

"어, 유통기한이 일주일이나 지났네! 분유를 산 날짜가 유통기한이 끝나는 날이잖아? 어떻게 이런 분유를 파냐."

"엄마, 그동안 행복이가 상한 분유를 먹은 거야?"

"그런 건 아니야. 유통기한이 일주일 정도 지난 거니 분유가 상했다고 볼 수는 없어. 엄마가 가서 바꿔올게."

마트에 가서 분유를 보여주었다. 유통기한이 지난 걸 확인한 직원이 급하게 분유를 새 걸로 바꿔주면서 미안하다며 봉투를 내밀었다.

"아니, 분유를 바꿨는데…."

"우리는 유통기한이 지난 물건을 판매했을 때 소비자들에게 죄송한 마음에 약간의 선물을 합니다. 당연한 거니까 받으셔도 돼요. 정말 죄송합니다."

봉투를 열어보니 5만 원 한 장이 들어 있었다.

'세상에나 이렇게 많은 돈을….'

너무 좋아 행복이가 쓸 기저귀를 두 박스나 사고, 남은 돈으로 돼지고기를 사와 아이들과 김치찌개를 끓여먹었다.

다시 이틀이 지나 해당 분유업체에서 전화가 왔다.

"정말 죄송합니다."

"아니에요. 그럴 수도 있지요. 마트 직원 분들이 신속하게 잘 해결해주셨어요. 미안하다면서 봉투에 5만 원도 담아주시고요. 오히려 감사하더라고요."

"주소를 가르쳐주시면 해당하는 분유를 선물로 보내드리겠습니다. 앞으로는 이런 일이 생기지 않도록 최선을 다하겠습니다."

며칠 뒤, 행복이가 먹을 분유가 박스로 도착해 있었다. 유통기한이 일주일 지난 한 통의 분유로 인해 행복이는 14개월까지 분유를 사지 않아도 되었다.

기저귀가 떨어져 한숨을 쉬며 "아버지"라고 부르기만 했을 뿐인데 아버지는 벌써 상황을 아시고 기저귀를 두 박스나 보내주셨다. 이렇게 우리 가족은 멋진 아버지로 인해 무엇을 먹을까 염려하지 않고 오늘 하루의 풍요로움에 감사하며 행복하게 살고 있다.

I LOVE YOU GOD

다큐멘터리 촬영이 시작되다

2009년에 MBC 〈사랑〉이라는 다큐멘터리 프로그램에서 출연 제의가 들어왔다. 작가 분이 대전에 오셔서 많은 이야기를 나누고 돌아가셨는데, KBS 〈인간극장〉에서 먼저 출연 제의가 들어왔기에 거절할 수밖에 없었다. 시간이 흘러 2012년 12월, MBC에서 다시 출연 요청이 왔다.

"어머니, 먼저 촬영팀이 방문할 건데요. 2박 3일 찍어보고 촬영 결정을 할 거예요. 〈풀빵엄마〉를 연출한 유해진 피디님께서 가실 거예요. 아이들과 자연스럽게 있는 모습 그대로를 보여주시면 돼요."

"예, 알겠어요. 유해진 피디님이라면 〈풀빵엄마〉로 대한민국 최초로 국제 에미상을 받은 그 분인가요? 얼마 전에 〈사랑〉에 출연한 가정들의 이야기를 엮어 책도 내시고요."

"예, 맞아요. 바로 그 분이에요."
"기다리고 있을게요."
운전하는 분까지 총 여섯 분이 들어오시니 집 안이 꽉 찬 느낌이었다.
"유해진 피디입니다."
"그 유명한 분이군요."
"같이 일하는 우리 팀들이 잘해줘서 그런 거예요. 여기 촬영감독은 〈아프리카의 눈물〉을 촬영한 분이에요."
"제가 〈아프리카의 눈물〉을 보고 얼마나 감동을 받았는지 우리 아이들까지 다 보여줬어요. MBC에서 유명한 분들은 여기 다 모이셨네요. 그럼 우리 집은 언제까지 어떤 내용들을 촬영하실 건가요?"
"소소한 일상을 2주 정도 찍고요. 내년에 한결이라는 아이가 온다면서요. 그 아이가 와서 적응하는 과정을 담을 거예요. 행복이 돌잔치를 하고, 4,5월쯤에 가족과 함께하는 부분을 일부 찍을 예정이고요."
"그럼, 교회가 모든 부분을 협조해주어야 하니까 우선 이철 목사님께 허락을 구해야 할 거 같아요. 우리는 중앙감리교회 소속이라 담임목사님께서 촬영을 못한다고 하시면 할 수 없거든요."
"그렇겠네요. 오늘이 토요일이니까 내일 예배드린 다음 이철 목사님을 찾아뵙고 인사를 드리는 걸로 하지요."
"그럼 내일 교회에서 점심 식사도 같이 하지요. 우리 교회 식사 참 맛있어요."
토요일 저녁 늦게까지 아이들과 소소한 일상을 촬영하고 다음 날 이철 목사님과 만남을 가졌다.

"MBC 〈사랑〉을 촬영한다고요."

"네, 목사님. 이분이 피디님이시고, 이분이 촬영감독님, 조명감독님이세요."

"수고들 많으시네요."

"우리야 늘 하는 일이라서요. 교회가 참 아름답습니다."

"허허허. 그럼 우리 교회가 어디까지 협조를 해주면 되는 건가요."

"행복이 돌잔치까지 찍을 예정인데요. 교회 식당에서 돌잔치를 하고 싶습니다. 출연자가 목회자이다 보니 교회에 있는 모습도 촬영해야 할 거 같고요."

"언제까지 촬영을 하시는데요."

"내년 봄까지 촬영합니다."

"한 시간짜리인데 굉장히 오래 촬영하는군요."

"거의 반 년을 촬영한다고 보시면 됩니다."

"쉽지 않은 일이네요. 좋습니다. 마음껏 촬영하세요. 교회를 다 오픈해서 촬영하는 데 협조하겠습니다."

"하하하. 감사합니다. 좋은 모습이 나오도록 노력하겠습니다."

"목사님, 감사해요."

흔쾌히 허락해주시는 목사님께 고개를 숙여 인사하고 나오면서 피디님과 이야기를 했다.

"어머니, 목사님 인품이 좋으시네요. 기품도 있으시고요."

"목사님께서도 어린 시절 고생하며 공부하신 분이라 어려운 사람들 심정을 잘 아세요. 사람들에게 먼저 인자하게 다가가는 분이죠. 이철 목사님이 아니었으면 우리는 아직도 대전에서 사역지 없이 힘들게 살고 있었을 거예요. 아무도 우리를 불러주지 않을 때 목사님께서 우리를 불러주셨거든요. 그래서 우리는 목사님과 중앙감리교회 교인들에게 참 많이 감사해요. 아이들과 이렇게 재미있게 살 수 있는 공간을 마련해주시고 우리 가족이 탄생할 수 있도록 도와주셨잖아요."
"그렇겠네요. 교회 주변이 멋있어서 배경이 참 잘 나올 거 같아요."

드디어 촬영이 시작되었다. 처음 며칠은 서로가 익숙하지 않아서 서먹서먹했다. 촬영팀이 식사 때마다 나가서 먹고 오는 모습을 보면서 반찬은 없지만 함께 식사를하자고 제의했고, 자연스럽게 서로 친해지기 시작했다. 촬영팀은 시간이 있을 때는 우리 아이들과 장난도 치면서 놀아주고 당시 9개월 된 행복이도 안아주었다.
촬영팀이 철수하는 날은 아이들이 많이 아쉬워했다.
"엄마, 피디님 언제 또 와?"
"다음 주에 오신다네. 왜 기다려져?"
"응, 엄마. 다음에 오시면 같이 축구하기로 했어. 조명감독님도 우리랑 잘 놀아주셔."
"그 분들이 우리 아들들을 참 예뻐하나 보다."
"엄마, 다른 사람들이 우리를 많이 예뻐해도 엄마 아빠만큼은 안 예뻐해."
"우와 다니엘, 그 말 진짜니? 아님 엄마 듣기 좋으라고 하는 말이니?"
"진짜야. 척 보면 알아."

"척 보면 어떻게 아는데?"

"그냥 알아."

"다니엘은 엄마가 볼 때 참 영리해. 머리도 좋고. 다니엘이 집중만 잘 하면 아마 요한이보다 공부는 더 잘할 거야. 그런데 엄마가 왜 다니엘을 공부 안 시키고 운동하게 하는지 알아?"

"그거야 내가 운동을 좋아한다고 해서 그런 거 아니야?"

"아, 그것도 포함은 되는데 그건 그냥 일부분이야."

"그럼 뭐가 또 있어?"

"공부만 하면 그 좋은 머리로 꾀만 부려서 배운 걸 남 주는 아이가 아니라 혼자 다 갖는 아이가 될까 봐 그래. 운동을 하면서 좀 더 여유 있고 천천히 가게 하려고 공부를 안 시키는 거야. 다니엘은 영리해서 엄마가 하는 말이 무슨 뜻인지 알아듣지?"

"응, 알아. 공부 잘해서 나만 아는 아이가 되는 게 싫어서 그러는 거잖아."

"우리 다니엘은 이렇게 똑똑해. 엄마가 하는 말을 잘 알아들어. 요한이도 가끔은 엄마가 하는 말을 못 알아듣거든. 그런데 다니엘은 어른들의 대화도 다 이해하잖아. 다니엘의 좋은 머리는 사람들을 위해 좋은 일 할 때 사용해. 엄마가 다니엘을 위해 기도하는 건 늘 그거 하나야."

"알았어, 엄마. 나도 더 조심할게."

"사람들이 너희들을 사랑하고 예뻐하는 데에 다른 이유를 달지 말고 그냥 감사함으로 받아들여. 그게 어린아이답고 좋은 거야. 알았죠?

똑똑한 우리 아들."

"알았습니다. 착한 우리 엄마!"

"크크크. 엄마 착하다고 하는 건 우리 아들밖에 없다니까. 고맙다."

천국의 동역자

〈사랑〉을 촬영하는 도중 대전 동구청 사회복지사 선생님께 전화가 왔다.

"간사님, 우리 구에 한 학생이 성폭행을 당해 임신을 했는데 7개월 만에 아기가 나왔어요."

"…."

"충남대학교 병원 인큐베이터 안에서 5개월, 병실에서 3개월을 지내고 이제 퇴원해야 해요. 그런데 아이 엄마는 미성년자이고 아이 아빠는 모른다고 발뺌하고 있어요. 아이를 입양 보내기 전에 누군가가 잠시 맡아서 길러줘야 하는데 선뜻 아무도 아이를 데려가려고 하지 않네요."

"아이를 위해 사례회의를 했나요?"

"예, 동방하고 홀트하고 가정위탁 지원센터랑 다 모여서 회의를 했어요. 다들 꺼려하세요. 아이가 건강이 안 좋은데다 얼굴도 조금 일그러져 있고 무엇보다 앞으로 상태가 염려되니까 아무도 데려가겠다는 말을 안 하네요."
"그럼 제가 어떻게 하면 될까요?"
"아이를 입양하시기는 어려우시죠?"
"실은 내일 아홉 번째 아이를 데려오는 걸 촬영하려고 사람들이 와 있는데 갑자기 다른 아이를 데려온다고 말 하기가…."
"아, 네… 이 아이는 어디로 가야 하는지…."
"제가 어쨌거나 아이를 책임지면 되는 거지요? 아이를 잠시 맡아 기르던 입양을 보내던 제가 알아서 하면 돼죠?"
그때 통화 내용을 듣고 있던 유해진 피디님이 놀라서 중간에 내 말을 가로막았다.
"아니, 어머니. 아이를 또요? 우리 촬영은 어떻게 하고요."
"제가 책임지고 어떻게 해볼게요. 아이 퇴원하는 날짜에 지장없이 퇴원만 하면 되는 거잖아요. 병원에 전화해서 퇴원 날짜 나오면 저에게 전화주세요."
"아니, 어머니. 이러면 안 되지요. 내일 한결이를 데리러 가야 되는데 또 다른 아이라니요."
"신생아가 갈 데가 없다는데 나 촬영하고 있다고 안 된다고 할 수는 없잖아요. 촬영 끝나고 데려올테니 걱정하지 마세요."
"그 아이도 참 안됐지만 지금 키우는 아이들이 이렇게 많고 어머니

몸도 별로 안 좋으신데 또 신생아를 키울 수 있겠어요? 저는 옆에만 있어도 정신이 없는데…."

"그러게요. 그런데 어떡해요. 아이가 갈 데가 없다는데…. 저까지 거절하면 미안하잖아요. 어른이 되어가지고 미안할 일을 만들면 안 되지요. 저도 감당하기 힘들지만 저보다 그 아이가 더 힘들 거 같아서요."

"두 분 정말 대단하신 분들인 건 아는데 그래도 이건…."

저녁이 되어 촬영팀은 모두 숙소로 돌아갔다. 내가 할 수 있는 일은 그저 기도밖에 없었다.

"아부지, 어떡하지유. 그 아이를 어떡하남유."

한참을 기도하는데 금산에 사는 순임이가 생각났다. 순임이는 내 책 《하나님의 땡큐》를 읽고 저자인 나에게 전화를 해 처음 만났다. 세 명의 아이를 입양해 키우던 그녀는 이후로 나와 친자매처럼 친한 사이가 되었다. 누구보다 나의 이런 사정을 이해할 것 같아 다음 날 아침 일찍 순임이에게 전화를 했다.

"순임아, 언니가 너한테 부탁 좀 하자."

"언니, 뭔데. 언니가 말하는 건 나나 최 장로나 무조건 오케이야."

"충대 병원에 8개월 된 여자아이가 입원해 있어. 그런데 지금 언니가 촬영을 하고 있어서 아이를 데려 올 수가 없어. 그 아이를 3개월만 키워주라. 그럼 언니가 촬영 끝나고 데리고 갈게."

"언니, 내가 3개월 보는 건 할 수 있어. 그럼 그 다음에는?"

"언니가 입양을 해야지. 어차피 열 명을 하나님이 허락하셨으니 행복이랑 같이 키우지 뭐."

"언니, 오늘 아홉 번째 아이가 온다면서! 행복이도 있는데 3개월 뒤에 다시 신생아를 입양한다고?"

"그럼, 어떡하니. 아이가 갈 데가 없어 퇴원도 못하고 있다는데. 아이 상태가 안 좋은지 데리고 갈 시설이 없나봐. 오죽하면 동구청에서 전화가 왔을까. 순임아, 3개월만 봐주라. 너도 돌도 안 된 신생아를 키우고 있는 건 알지만 부탁할게."

"내가 월요일에 남편이랑 병원에 가서 아이 보고 올게. 다녀와서 전화할게."

"그래, 고맙다. 이 어려운 상황에서 네가 생각나더라. 너밖에 없다."

며칠 뒤 순임이에게 전화가 왔다.

"언니, 지금 병원에 와서 아이를 봤어."

"아이는 어때?"

"아직 뭐라고 말을 못하겠어. 너무 약해서 어린 시절 하선이를 보는 거 같아. 남편이랑 상의를 했는데 이 아이는 우리가 입양해서 키우기로 했어. 아이 몸도 안 좋고 언니가 행복이를 키우면서는 무리야. 게다가 남자아이랑 여자아이를 같이 키우기보다는 여원이가 여자니까 우리 집에서 같이 키우는 게 나을 거 같아."

"무슨 소리야? 3개월만 키워주면 그때는 언니가 데리고 올게."

"아니야. 우리는 얘기 끝났어. 동방을 통해 입양 절차를 하기로 했어. 벌써 아이 이름도 지었어. 소원이로. 그러니까 언니는 신경 안 써도 돼."

"아니, 순임아."
"언니 그런 줄 알고 있어. 다음에 또 통화해."
전화 한 통화로 그렇게 입양할 아이를 순임이네 가정에 뺏겼다.
다니엘을 데려오기 전에 먼저 다섯 살짜리 여자아이를 데려오려고 '한나' 라는 이름까지 지으면서 기다린 적이 있었다. 그런데 횡성에 사는 한 가정이 오직 여자아이만을 입양하길 원해서 그 집에 아이를 보냈었다. 그런데 이번에도 내 자식이라고 가슴에 품었던 여자아이를 보내는 일이 생겼다. 어찌된 일인지 하선이가 간절히 원하는 여자 동생은 모두 다른 집으로 가고, 우리 집에는 남자아이들만 오게 되는지. 이번 일을 겪으면서 우리가 아이들을 선택할 수 있는 권한이 없다는 걸 다시 한번 느꼈다. 내가 선택해서 데려오는 게 아니고 기다리고 있으면 아이를 보내주신다는 걸 말이다.
얼굴도 못 보고 아이를 보내야 했던 마음을 달래려고 금산으로 아이를 보러 내려갔다. 한눈에 봐도 많이 아팠던 것 같은 아이의 모습에서 눈물이 핑그르르 돌았다.
"아가야, 미안해. 어른들의 잘못으로 사랑받아야 할 네가 이렇게 고생하고 있구나."
"언니, 우리 소원이 진짜 예쁘지? 처음에 얼굴을 보는 순간 우리 아이라는 생각이 드는 거야. 네 명을 입양하면서 아이들은 결코 내가 선택하는 게 아니라 아이가 날 선택한다는 걸 느꼈어. 소원이가 우리를 기다리고 있었던 거처럼."
"그래, 네 말이 맞다. 우리가 선택할 수 있는 권한은 절대 없는 거 같

아. 그런데도 선택하려고 하니 꼭 문제가 생기는 거지. 그런데 여원이에 소원이까지 안 힘들어?"
"힘들지. 안 힘들다고 하면 거짓말이지. 하지만 감당해보려고. 나도 언니처럼 무모하게 덤벼보지 뭐."
"순임아, 네 남편이 트럭 고치는 기술자로 대한민국에서 최고가 되게 해달라고 언니가 기도할게."
"응. 진짜 그렇게만 되면 좋겠어. 그러면 시설에 보내지 않고 아이들을 몇 명 더 키우고 싶어. 꼭 부모가 되어주지 않더라도."
"그렇게만 되면 얼마나 좋을까? 언니도 그런 생각해. 내 호적에 올려서 키울 수 있는 아이 열 명과 내 호적에는 못 올리지만 내 품 안에서 키우는 아이 열 명, 이렇게 스무 명의 아이들을 위해 기도하고 있어. 그들을 신앙 안에서 잘 키워 모두 세상에서 선한 영향력을 끼칠 것을 바라면서 말이야."
"언니, 혼자는 힘들지만 함께하면 쉽잖아. 우리 함께하자."
"그래, 순임아. 참 고맙다."
"먼 길 올라가려면 얼마나 힘들어. 집에 애들이 많으니 자고 가라고 할 수도 없고 그러네."
순임이 남편 최 장로님이 차 안 가득 먹을거리를 실어주었다. 강릉으로 올라오는 5시간 동안 나는 차 안에서 뜨겁게 부흥회를 했다. 찬양하고 기도하다 엉엉 소리 내어 울다가 다시 기도하고 찬양하는데 내 안 깊이 아버지가 임재하심을 느꼈다. 차를 휴게소에 세우고 주님을 깊이 느끼며 그분과 함께했다.

'그들 가정을 동역자로 함께 세웠다. 천국의 가정을 이루는 데 함께 동역하거라. 너에게는 네 살짜리 남자아이를 마지막 열 번째 아이로 미리 예비했다.'

'네 살 남자아이요?'

'아무것도 염려하지 말고 지금 온 아이들을 열심히 잘 키우고 있거라. 연말쯤에 마지막 아들이 올 것이다. 너의 가정은 내가 함께하는 천국의 가정이다. 내가 늘 함께할 거다, 내 딸아.'

'아부지, 아무것도 염려 안 해요. 아무것도 신경 안 써유. 아부지가 하시는 말만 믿고 따라가요. 오직 아부지만 따라가유. 전 주님만 믿어유.'

주님의 임재를 느끼면 늘 감격하고 벅차올라 눈물이 나온다. 얼마나 울었는지 알 수 없을 때쯤 몸이 가벼워져 공중에 붕 떠 있는 느낌이었다. 작은 차 안이 주님이 주신 빛으로 인해 뜨거운 열기가 가득했다.

'아부지, 알러뷰!'

'딸아, 나도 알러뷰다.'

한결같은 사랑을 줄게

행복이가 우리 집에 온 다음 날 자비원에서 입양을 담당하는 선생님이 가정 방문을 오셨다.

"하루 사이에 아이가 안정을 찾은 거 같아요."

"제가 그랬잖아요. 우리 집에 오면 아이들이 모두 건강해지고 편안해진다고요. 우리 요한이만 봐도 알 수 있어요. 요한이가 처음에는 참 힘들어했는데 지금은 아주 잘 자라고 있어요. 기적이에요."

"우리 자비원에 다섯 살에 입양되었다가 일곱 살 반에 파양된 아이가 있어요."

"현재 몇 살인데요?"

"여덟 살이요. 그런데 아직 한글도 못 쓰고 숫자도 못 세요. 이불에 오줌도 싸고요. 그 아이만 보면 마음이 참 아파요. 어머니께서 요한이 이야기할 때 생각이 나더라고요. 어머니 가정에서 그 아이를 입양해주시면 참 좋겠다는 생각이 들어요."

"혹시 코리아갓탤런트에 나온 최성봉 님 아세요?"

"알아요. 노래 참 잘하는…."

"그 분이 쓴 《무조건 살아, 단 한 번의 삶이니까》라는 책을 읽으며 많이 울었어요. 제가 요한이 같은 아이들을 다시는 안 키운다고 맹세까지 했어요. 그런데 그 책을 읽으면서 생각이 바뀌더라고요. 그런 아이를 외면하면 불우한 환경에서 십 대 시절을 보내는 아이가 또 한 명 생기는 거잖아요. 그래서 이제는 겁내지 않고 아이만 주시면 키우겠다고 기도했어요. 그 아이 우리가 데려올게요."

"감사해요, 어머니!"

"한꺼번에 두 명이 같이 오면 서로에게 힘드니까 3개월쯤 뒤에 그 아이를 데려올게요. 내년 2월 초쯤요. 우리 아이들하고 같이 쇼트트랙 시키면서 키울게요."

"그럼 그 아이도 입양하는 걸로 알고 원장님께 말씀드릴게요. 감사합니다."

"우리가 더 감사하죠. 기독교기관에서도 우리에게 더는 아이를 안 보낸다고 했는데 이렇게 불교기관에서 우리 가정을 믿고 아이들을 보내주겠다고 하니 제가 더 감사하네요. 그 믿음 저버리지 않게 최선을 다해 아이들을 잘 키울게요. 고맙습니다."

바로 그 책을 선물해주신 이태형 소장님께 전화를 했다.

"소장님 때문에 아홉 번째 아이가 오는 거니까 소장님이 한글로 된 이름을 지어주세요."
"영광입니다. 한글 이름으로 생각해볼게요. 아이의 상태를 들었으니까 잘 어울리는 이름으로 지어볼게요. 사모님 가정과 함께 이야기를 나누며 살고 있어서 참 행복합니다."
"저도 소장님과 함께 사는 이 세상이 참 좋네요. 너무 행복합니다."
얼마 후 전화가 왔다.
"사모님, '한결'이 어때요? 그전까지는 내면 안에 여러 마음이 있었지만, 이제부터는 한결같은 마음으로 살라고 그렇게 지었는데요."
"한결이, 정말 좋아요! 딱 맞는 이름이에요. 한결이."
"그럼 한결이는 언제 와요?"
"MBC 〈사랑〉팀에서 2월 첫 주쯤 아이를 데려오자고 하네요. 그나저나 한결이가 편안하게 와야 하는데 염려가 되네요. 카메라도 있고 사람들도 많아 아이가 겁을 먹지는 않을까 싶어서요."
"괜찮을 거예요. 저도 기도하겠습니다."
한결이를 데리러 가는 날이 다가올수록 아이가 더욱더 보고 싶어졌다.
'어떻게 생겼을까? 어떤 음식을 좋아할까? 날 좋아해줄까? 아이들과 잘 어울릴까?
드디어 한결이가 오는 날 아침이 되었다. 촬영팀은 미리부터 촬영 준비를 마치고 우리를 기다리고 있었다.
"하선아, 얼른 가자. 네가 동생한테 편안하게 말도 잘해야 해."
"알았어, 엄마. 걱정하지 마."

"엄마, 우리도 가면 안 돼?"

다니엘이 말했다.

"너희들은 여기서 기다리고 있다가 환영파티를 해야지. 다 가면 한결이가 불안해할 수도 있어. 집에서 기다리고 있어."

"응. 우리 동생 잘 데리고 와."

"자슥, 작년에 너 올 때 생각나니?"

"당연히 생각나지. 집에 풍선이 걸려 있고, 케이크 불도 끄고, 형아랑 누나들이 환영한다고 노래도 불러줬잖아."

"이제 그걸 다니엘이 동생을 위해 하는데, 어떠니?"

"너무 좋아, 동생들이 오는 건 너무 좋은 거 같아."

"그렇지. 동생하고 사이좋게 지내자. 한결이는 마음이 많이 아파. 그래서 다니엘이 도와주고 지켜줘야 해. 너랑 사랑이랑 함께 스케이트장도 다닐 거야."

"알았어, 엄마. 내가 잘 돌봐줄게."

"고맙다, 우리 아들. 엄마 다녀올게."

자비원 사무실에서 움츠려 있는 한결이를 처음 만났다.

"예쁘게 생겼네. 머리가 곱슬인 게 나랑 닮았어."

환하게 웃으며 아이를 보았다.

"우리 집에 가자" 하면서 손을 내미는데 아이는 손을 잡는 대신 울기 시작했다. 계속해서 우는 아이를 자비원 선생님의 품을 빌어 우리 집 거실로 데려왔다. 형들이 환영하는 노래를 못 부를 정도로 한결이는 계속 울었다. 집에 가겠다고 가방을 들고 나가려는 아이를 붙잡고 내

일 보내주겠다고 말했다. 정신없이 우는 아이를 보면서 촬영팀이 불안해했다.

"아이가 저렇게 계속 울면 어떡해요?"

"괜찮아요. 시간이 지나면 다 그쳐요."

"지금 두 시간째 저러고 있어요. 어머니가 어떻게 해봐야 하는 거 아니에요?"

"저 과정을 거쳐야 가족이 돼요. 기다려요."

슬그머니 한결이 옆에서 아이들과 놀기 시작했다. 공기놀이도 하고 실뜨기도 했다. 한결이는 한참을 울다가도 우리 쪽으로 차츰 넘어오기 시작했다.

"나도 그거 잘하는데."

"그러니? 그럼 한번 해볼까."

"응."

그러면서 실을 만지기 시작했다.

"니가 이걸 가지고 여기 형들하고 잘 놀면 짜장면 사줄게."

"짜장면이요?"

"응, 짜장면. 한결이는 짜장면을 좋아하니, 짬뽕을 좋아하니?"

"나 돈 있어요. 보여줄까요?"

"그래? 얼마 있는데?"

"나 돈 많아요. 봐요. 2만 3천 원 있어요. 이걸로 짜장면 사줄까요?"

"하하하! 그 돈으로 짜장면 다 사주기는 어렵고 내일 형들 아이스크림 사주면 되겠다. 어때?"

"좋아요."
두 시간 동안 울던 아이는 온데간데없고 형들하고 잘 어울려 노는 한결이를 보았다.
'잘 왔다, 아들아. 정말 잘 왔어.'
불안정한 환경에서 자란 한결이는 또래에 비해 학업 능력이 떨어졌다.
"그런데 한결아, 이름 쓸 수 있어? 너 지금 1학년이고 이제 한 달만 지나면 2학년인데…."
"안 배웠어. 가르쳐주는 사람이 없었어."
"에이, 가르쳐주는 사람이 왜 없어! 네가 하기 싫으니까 안 한 거지."
"어떻게 알았어?"
굉장히 중요한 비밀을 어떻게 알았냐는 듯이 신기한 얼굴로 날 바라보는 한결이를 보며 참 행복했다. 그날부터 한결이에게 한 글자 한 글자 가르치고 동화책을 읽어주었다. 한결이는 이번에도 교장선생님의 배려로 형들이 다니고 있는 연곡초등학교로 전학을 했다. 그리고 형들과 함께 쇼트트랙을 하면서 지금은 글도 잘 읽고 받아쓰기도 80점은 거뜬히 맞아온다.

한동안 무리를 했더니 과로로 쓰러져 열흘 정도 병원에 입원했다 집으로 돌아와 낮에 약을 먹고 누워 있었다. 한결이가 학교에서 돌아와 가방을 내려놓고 내가 있는 방으로 오더니 내 옆에 앉았다.
"엄마, 내가 왜 옛날에 살던 집에서 안 살고 자비원으로 왔는지 알아?"

한결이에게 차마 말은 못하고 속으로 말했다.

'자슥, 그건 니가 안 산 게 아니고 그 집에서 너를 자비원으로 보낸 거야.'

"그건 내가 지금의 엄마 아빠를 만나려고 자비원에서 기다리고 있었던 거야."

아이는 자기 할 말을 다하고 쌩하니 방을 나가버렸다.

한결이가 한 말을 가만히 생각하고 있는데 갑자기 눈물이 쏟아지기 시작했다.

"어어엉엉엉…."

한참을 울고 벌떡 일어났다.

'그래, 내가 이까짓 거 때문에 누워 있어야 되겠어. 내 자식이 엄마 아빠를 기다리고 있었다는데.'

방에서 나와 아이들을 향해 외쳤다.

"얘들아, 엄마가 너희들 간식을 해줄 건데 우리 아들들, 뭐가 먹고 싶을까? 엄마에게 말해. 다 해줄게!"

"정말? 엄마, 나 김치 부침개 해줘!"

"그래, 알았어. 엄마가 지금 김치 부침개 얼른 해줄게, 한결아."

"엄마, 나는 감자 튀겨줘."

"알았어. 다니엘은 감자 튀겨줄게."

"엄마, 이 멋진 햇살이는 엄마 줘. 엄마를 먹게."

"아니? 우리 햇살이가 언제 식인종이 되었나? 엄마 병원에 입원해 있던 사이에 식성이 바뀌었나 보구나."

“헤헤헤 응. 엄마, 난 엄마가 제일 좋아.”

내 품에 안겨서 환하게 웃는 햇살이를 보면서 천정을 올려다보았다. 아이들과 간식을 만들면서 웃는 우리의 웃음소리를 천사가 모두 담아 하늘로 올라가는 모습을 바라보면서 빙그레 웃었다.

‘아부지, 알러뷰!’

‘딸아, 나도 알러뷰다!’

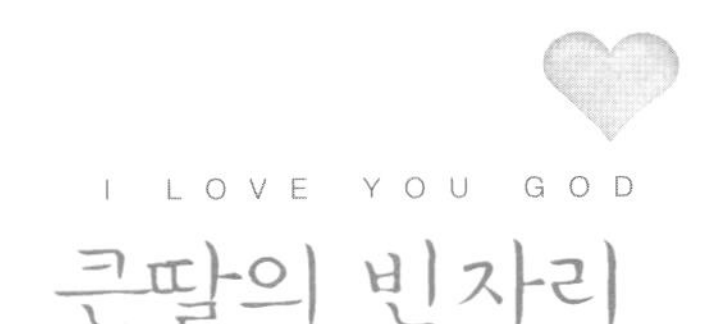

I LOVE YOU GOD

큰딸의 빈자리

"어머니, 행복이 돌사진 안 찍어요?"

"찍어야죠. 가족끼리 집에서 사진 몇 장 찍으면 안 되나요?"

"내 이럴 줄 알았다니까. 어머니가 그렇게 말할 줄 알고 우리가 미리 행복이 돌사진을 협찬 받았어요."

"돌사진을 협찬 받았다고요?"

"창조의 아침이라는 스튜디오에서 가족사진도 찍어주고 행복이 앨범도 만들어준다고 하네요. 그리고 돌상에 필요한 사진도 다 제공해주기로 했어요."

그렇게 방송국의 배려로 우리는 가족사진을 찍게 되었다. 그런데 촬영하는 내내 미국에 있는 하은이의 빈자리가 느껴져 또 눈물이 났다.

"가족사진을 찍는데 하은이만 없네요. 우리 하은이만…."

"어머니는 늘 하은이 생각을 많이 하네요."
"그럼요. 아이들이 제 얘기는 안 듣는데 하은이 얘기는 잘 들어요."
"우리 하은이 누나, 진짜 착해요. 저한테도 잘해주고요. 작년 여름 방학 때 사랑이가 아이스크림을 먹고 싶다고 하니까 자전거를 타고 가서 아이스크림을 사왔어요. 우리 집에서 슈퍼까지 거리가 먼데도 우리가 먹고 싶다니까 자전거를 타고 갔다 온 거예요. 우리 누나는 우리가 해달라는 걸 다해줘요. 우리 누나 진짜 좋아요."
"햇살아, 누나가 그렇게 좋아?"
"응, 엄마. 하선이 누나가 미국에 가고 하은이 누나가 우리랑 살았으면 좋겠어."
"나도 그렇게 생각해. 하선이 누나는 우리한테 막 시키고 혼내는데 하은이 누나는 잘해주고 시키지도 않잖아."
"보셨죠? 우리 아이들과 저는 늘 하은이를 그리워해요. 그리고 하은이가 우리 곁에 함께 있는 것처럼 생활해요. 행복이 돌사진을 찍는 큰 행사에 하은이가 없으니 너무 허전해요."
"하은이가 며칠 집에 오면 참 좋겠네요."
"비행기 값이 없어 오게 할 수가 없어요. 며칠이라도 오면 하은이도 참 좋아할 텐데요."
"어머니, 생각 좀 해보자고요."
하은이가 없는 채로 우리 가족은 행복이 돌사진을 찍었다.
"엄마, 또 하은 언니 생각나서 우는 거야?"
"아니야, 하선아. 고마워서 그래. 너희들 아홉 명을 키우면서 누구도 돌사진을 찍어본 적이 없잖아. 집에서 가족끼리 간단하게 찍으려고 했는데 이렇게 거창하게 행복이 돌사진에 가족사진까지 찍으니 감사해서…. 그래서 눈물이 나오는 거야. 물론 하은이도 보고 싶지만."

"엄마, 유해진 피디님께 하은 언니 좀 오게 해달라고 부탁해봐."

"피디님이 엄마에게 말하지 않는데 엄마가 어떻게 말하니. 비행기 값이 얼마나 비싼데. 미안해서 말 못하겠어."

"하은이 언니 학교에 가서 인터뷰도 하려고 했잖아. 언니 학교에 안 갔으니까 언니를 오라고 하면 되지. 엄마가 말 못하면 내가 말할까?"

"하선아, 그런 말을 어떻게 해. 기다려보자. 분명 좋은 일이 생길 거야."

"그런데 엄마, 우리 방송하는 거 참 잘한 거 같아."

"아이고, 언제는 안 한다고 해놓고선."

"그때는 그랬는데… 그래도 동생들이 하고 싶다고 말할 때 거절하지 않고 하자고 했잖아."

"너는 계속 촬영 안 한다고 했잖아. 하민이랑 동생들이 몇 날 며칠을 설득하고 부탁한 거잖아. 나중에 동생들 때문에 어쩔 수 없이 승낙한 거고."

"그때는 그랬는데 지금은 잘한 거 같다고 말하고 있잖아."

"아버지가 원하시는 일을 할 때는 늘 결과가 참 좋은 거 같아. 그렇지, 하선아?"

"그런 거 같아. 동생들도 모두 좋아하고 나도 뭐 그리 나쁘지는 않아. 이렇게 가족사진도 찍어주고 돌상도 차려주고 말이야. 엄마라면 절대로 안 할 거잖아."

"응, 엄마는 안 하지. 그냥 미역국 끓여 먹는 걸로 대신했을 거야. 우리 집에 생일은 별로 의미가 없잖아."

행복이 돌잔치를 이틀 앞두고 다니엘도 있고 한결이도 있고 행복이도 있는 가족사진을 거실 한가운데 걸게 되었다. 하은이 사진을 옆에 끼워 넣고 완성된 가족사진을 보면서 빛으로 우리 가족을 보호하고 계시는 예수님께 무릎을 꿇었다.

'아버지. 우리 가족을 늘 그렇게 지켜주고 계시는군요.'

'딸아, 난 늘 너희와 함께 있단다. 하은이가 너희와 함께 며칠을 지낼 거다.'

'아버지, 하은이가 행복이 돌잔치 때 한국에 오는군요. 그렇지요?'

'그렇단다.'

'아버지, 감사해요. 정말 감사해요. 행복이 돌잔치 때 혹시나 사람들이 선물이 아닌 돈으로 축하를 하면 받은 주님께 드리고 받은 부모 없는 신생아를 돕는 곳에 기부할게요. 주님께 받은 사랑 그대로 주님께 드릴게요.'

'고맙다. 돈을 돈으로 보지 않고 나를 위해 사용해주어서.'

'아부지, 제가 더 고맙지유. 아부지. 사랑혀유.'

'사랑한다. 내 딸아.'

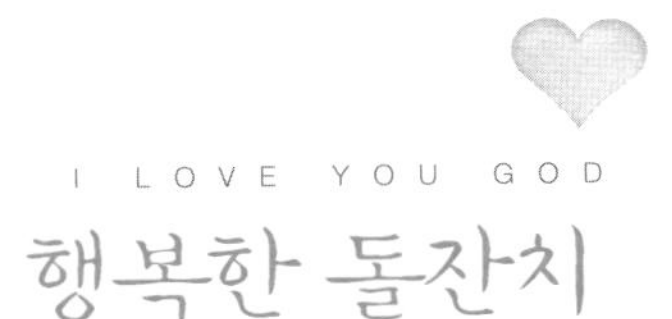

I LOVE YOU GOD

행복한 돌잔치

행복이 돌잔치를 준비하면서 다른 모든 건 협찬을 받아 신경 쓸 일이 없었는데 손님들 식사 준비가 걱정되었다. 미리 식사비를 여선교회에 드려야 하는데 가지고 있는 돈이 없었기 때문이다.

"하은 아빠, 아주 간단하게 식사 준비를 해도 1인분에 만 원은 할 거예유. 손님들 50명에 교회 분들 20명 정도를 합해서 70만 원과 다음날 행복이 돌기념 전교인 점심 식사 대접에 필요한 70만 원해서 140만 원이 없어유."

"허 참, 미리 들어온 건 없나유."

"삼척 고천교회 목사님께서 지난번 우리 집에 오셨을 때 50만 원 주고 가신 거 있어유. 10만 원 헌금하고 40만 원 행복이 돌잔치 준비하려고 가지고 있어유."

"그 분도 시골교회에서 힘들게 목회하실 텐데…."

"다른 교회 장로님께서 장례를 마치고 이 교회에 헌금을 하셨대유. 목사님께서 이걸 좋은 데 사용하고 싶다고 하나님께 기도하신 후 우리 집으로 바로 가지고 오신 거래유. 아버지 같은 분이 오셔서 꼭 받으라는데 안 받을 수가 없었어유."

"참 고마운 분이여유. 그런데 그 분을 어떻게 알고…."

"아산병원 병원장님 비서로 있는 자매가 삼척 고천교회 교인이라면서유. 고천교회 황정일 목사님 따님이 서울 천호교회 부목사님 사모님이라고 아이를 입양하고 싶다고 전화번호 알려달라고 한…."

"아아아, 이제야 생각났네유."

"오상석 목사님과 황은진 사모님이 신생아를 입양하겠다고 서울에서 왔을 때 아버지 되시는 황정일 목사님이 함께 따라왔어유."

"그럼 그 분들은 아이를 입양해서 가셨남유?"

"작년에 행복이 입양할 때 행복이랑 생일이 비슷한 남자아이, 여자아이 두 명이 남았다고 했잖아유. 그중에 여자아이를 입양했어유. 피부가 얼마나 하얀지. 좀 부럽더라구유. 우리 행복이는 이렇게 까만데 그아이는 얼굴이 하얗다 못해 아주 푸르더라고요.

"그랬구만유."

"우리 때문에 손자만 둘 키우다가 예쁜 손녀 얻으셨다고 고천교회 목사님께서 그렇게 좋아하시더라고요. 아빠 되시는 오상석 목사님보다 더 싱글벙글 웃으시며 다른 손자 둘은 뒷전이고 그 아이만 안고 좋아하시더라니까유. 아이들 데리고 열심히 산다면서 내 손에 꼭 쥐어주고 가셨어유. 너무 감사해서 행복이 돌잔치 때 쓰겠다고 했어유."

"그랬구나."

"어? 이홍렬 집사님 문자 왔네."

"그 분은 변함없이 자주 연락이 오네유."

"변함없는 분이잖아유. 연예인 같지 않고 편안한 오빠 같다니까."

사모님, 아이들과 잘 지내고 계시지요.
요즘은 어떻게 지내시는지 궁금해서 문자 보냅니다.
아이들은 많이 컸겠네요.

나는 곧 답장을 했다.

집사님 안녕하세요. 우리는 너무 잘 지내고 있어요.
그 사이에 아이들에 세 명이나 늘어서 아홉 명이에요.
막내 행복이는 이제 돌잔치를 하려고 준비해요.
늘 관심 가져주어서 감사해요.

다시 집사님의 답문이 왔다.

제가 기도하는데 하나님께서 사모님을 보여주시네요.
적은 돈인데요. 100만 원 보냅니다.
행복이 돌잔치에 사용해주면 좋겠어요.

그리고 제가 필요로 하는 곳이 있으면 꼭 연락주세요.

언제든지 달려갈게요.

고천교회 황정일 목사님과 늘 우리 가족을 위해 중보해주시며 함께 하는 이홍렬 집사님의 배려와 사랑으로 행복이 돌잔치는 은혜롭게 준비되었다. 아이들을 키우면서 한 번도 이런 잔치를 해본 적이 없어서 아이들 한 명 한 명을 바라보며 미안한 마음이 가득 들었다.
"이렇게 좋은 거였으면 아이들 모두 미리 데리고 와서 해줄걸…."
지난 시간들이 생각나서 울고, 앞으로 펼쳐질 미래가 기대되어서 울고. 왜 이렇게도 눈물이 나던지….
촬영팀이 우리 부부 몰래 엄마 아빠에게 보내는 아이들의 영상 편지를 만들어 보여주었다. 아이들 한 명 한 명이 영상을 통해 사랑한다고 고백했다. 마지막으로 하은이가 영상을 통해 "엄마, 아빠" 하며 등장했다. 하은이는 하선이가 아팠을 때 관심이 동생에게만 쏠리는 것 같아 외로웠지만 이제 성장해서 보니 엄마 아빠가 우리를 위해 얼마나 최선을 다하셨는지 알겠다며 엄마 아빠를 너무너무 존경하고 사랑한다고 말했다. 그 자리에 있던 많은 분들이 하은이의 영상 편지를 보면서 다 함께 울었다. 나 역시 하은이가 너무 그립고 보고 싶어 한참을 울고 있었다.
"하은 엄마, 저기 하은이가 와 있어유!"
"잉, 하은이가…"
수줍은 얼굴로 환하게 웃으며 입구에 서 있는 하은이가 보였다. 아버지가 하은이와 함께할거라고 한 말씀이 현실이 되어 하은이가 우리 곁으로 걸어왔다.

"아, 아버지…."

방송 설정상 "짠" 하고 깜짝 등장하기로 했다는 말을 나중에 들었다. 하은이가 웃으면서 성큼성큼 걸어오는데 나의 모든 기도를 들어주시는 주님으로 인해 행복이 돌잔치는 완전 눈물의 잔치가 되어버렸다. 유해진 피디님의 배려로 우리 가족은 하은이와 4박 5일 동안 행복한 시간을 보냈다.

"엄마, 나 정말 한국에 오고 싶었어. 엄마랑 아빠랑 동생들이 얼마나 보고 싶었는지 몰라."

"너 방학 끝나고 미국에 간 지 이제 5개월이야. 그런데 그렇게 오고 싶었어?"

"엄마는 내 마음 절대 몰라. 행복이 돌잔치 한다고 하지, 엄마는 전화만 하면 촬영하는 얘기를 실시간으로 중계하지. 내가 얼마나 궁금하고 오고 싶었는지 엄마는 정말 몰라."

"하은아, 2년 전에 인간극장 찍을 때는 조금 부담스러워했잖아. 그런데 이번에는 안 부담스러워?"

"그때는 사춘기였고 지금은 아니잖아. 그때는 방송 나가는 게 조금은 부담스러웠어. 엄마가 공개입양을 선포하는 바람에 그렇게 된 거잖아."

"엄마가 공개입양 선포한 거 잘못한 거야?"

"아니야, 잘못한 거는 아닌데 사춘기 때는 좀 예민하잖아. 절대 공개

입양이 나쁘다고 생각하지 않아. 숨기는 것보다는 알려줘서 자신이 누구인지 알면서 크도록 하는 게 더 좋다고 생각해."

"그나저나 하은이도 이제 작가님이 되셨네. 《나는 하나님의 딸》 원고는 출판사에 다 보냈어?"

"응, 이제 미국 가서 행복이 돌잔치 이야기를 써서 보내면 끝이야."

"우리 하은이 수고 많이 했다. 정말 수고했어."

"엄마 5월에 내 책 나오면 그때 나도 한국으로 부를 거야?"

"너 지금 이렇게 온 것도 기적인데 두 달 뒤에 또 나오고 싶다고?"

"내가 나온다는 게 아니라 엄마가 부르면 또 올 수 있다는 거지."

"너 비행기 값이 얼마인데 그런 말이 나오니? 이번 여름방학에는 한국에 오지 마. 신정하 장로님께 말씀드려서 한인교회에 슈퍼하는 분이나 레스토랑하는 분이 계시면 그 집에서 먹고 자면서 오전에는 가게에서 일하고 오후에는 영어공부할 수 있는지 알아봐달라고 부탁해야겠어."

"그런 게 어디 있어! 내가 유일하게 희망을 가지고 기다리고 있는 게 여름방학인데."

"그렇게 들어오고 싶으면 아예 한국으로 들어와."

"그렇게는 못하지. 하나님의 학교에서 배우는 게 얼마나 소중한데 그걸 포기하고 들어올 수는 없어. 그렇지만 방학에는 꼭 들어와서 가족과 함께 있고 싶어."

"하은아, 거기 기숙사에 사는 학생들이 전부 한국 아이들이라 영어를 배우는데 시간이 많이 걸려. 너도 알잖아. 방학이라도 현지인들과 어울려 영어를 해야 해.”
“엄마, 아직은 내가 어리잖아. 이번만 들어오고 내년부터는 하선이도 같이 있으니까 방학 동안 미국에 있을 데를 알아볼게.”
“장로님께서 하선이 얘기를 하셨어?”
“공항에 데려다 주시면서 하선이가 내년에 들어오는 거 긍정적으로 생각해보자고 말씀하셨어.”
“그러니? 정말 그렇게 말씀하셨어?”
“장로님께서 미국에서 공부하면서 책도 내고 성실하고 착하게 지낸다고 나를 엄청 예뻐하셔.”
“그래, 하은이가 감사한 마음에 더 열심히 공부하고 더 잘해야 해. 넌 누가 뭐래도 장학생이야. 알지?”
“알았어, 엄마. 나는 걱정하지 마. 내가 잘할게.”
“고맙다, 우리 딸.”
4박 5일이 꿈같이 지나가고 하은이는 미국으로 돌아갔다. 행복이 돌 축하금으로 200만 원이나 들어와서 주님께 약속한 대로 100만 원은 헌금하고 남은 100만 원은 태어나자마자 버려진 아이의 병원비로 써 달라고 이랜드복지재단에 기부했다. 이렇게 5개월 동안 진행된 촬영도 대단원의 막을 내렸다.

아부지, 저의 모든 걸 주님께 드립니다.
주님의 일을 이루는 데 우리 가족을 사용하여 주시옵소서.
이번에 오는 하나까지 이제 우리 가족은 주님의 열두 제자입니다.
세상과 타협하지 않고 오직 주님만 바라보며 나아갈 수 있게 하옵소서.

Part 04

함께라서 행복한 우리 집

I love you, God!

I LOVE YOU GOD

전 의인인가요?

행복이가 오고부터 혼자 기도하는 시간이 자꾸 줄어들고 있었다. 하루 종일 아이를 봐야 하니 잠시라도 시간을 내기가 어려워졌다. 아이가 얼마나 예민한지 새벽에 몰래 일어나 새벽예배를 가려고 하면 어느 틈에 깨어 악을 쓰고 울었다. 하민이를 행복이 옆에 누워 있게 해도 엄마나 아빠가 아니면 금방 숨이 넘어갈 듯이 울었다. 행복이가 온 일주일 뒤에 남편과 상의를 했다.

우선은 아이가 분리되는 걸 너무 싫어하니 아이 옆에 부부 중 한 사람이라도 붙어 있는 게 좋을 거 같아 당분간 새벽예배를 한 명만 가기로 했다. 금요일 새벽예배 설교를 맡고 있는 남편이 예배의 흐름을 이어가기 위해 새벽예배를 드리고, 난 집에서 기도하기로 했다.

일 년이 다 되어가는 데도 행복이는 엄마 아빠가 새벽에 일어나면 같이 눈을 뜬다. 잠을 자고 있으면서도 손으로 엄마인지, 아빠인지 더듬어보다가 하민이나 하선이면 금방 눈을 떠서 소리 내어 운다. 밤에 잠을 자다가도 서너 번씩 깨어서 울면 30여 분을 안아주거나 업어줘야 다시 잠을 잔다. 행복이로 인해 밤에 잠도 못 자고 낮에는 겨울방학이라 학교에 가지 않는 일곱 명의 아이들로 인해 정신없이 보내야 했다. 방학이 끝나갈 즈음에 피폐해진 내 모습을 거울 속에서 바라보았다.
"주여…."
주님과 언제 대화를 했는지 기억조차 나지 않은 채 졸음 가득한 눈을 바라보며 그저 눈물이 흘렀다. 행복이를 안고, 업고 하느라 하루에도 몇 시간씩 서 있어야 하는 육신은 안 아픈 데가 없고 그저 엎드려 자고 싶었다. 빨리 방학이 끝나 아이들이 학교에 가기만을 바라고 있었다.
"엄마, 요즘 왜 안 웃어? 엄마 얼굴을 보고 있으면 무서워."
"사랑아, 엄마가 무서워?"
"응, 엄마가 안 웃잖아. 그러면 무서워. 엄마가 우리를 갑자기 혼낼 거 같아."
"사랑아, 엄마가 사랑이를 혼내지는 않잖아."
"혼낸다는 게 아니고 혼내려고 하는 거 같다고… 엄마 얼굴 무서워."
나도 내 얼굴을 보면서 '이게 뭔가' 하는 생각이 드는데 아이들이라고 내 얼굴의 변화를 모를까.
"애들아, 오늘부터 엄마는 밤에 10시부터 12시까지 주방 옆방에서 기도할 거야. 행복이 재우고 바로 기도할 거니까 너희들이 엄마를 도와줘야 해."

"어떻게 도우면 되는데? 가만 그 시간이면 우리 모두 잠자는 시간이 잖아?"

"그러네. 그럼 너희들이 푹 자는 게 엄마를 도와주는 거야."

"엄마, 기도하면 엄마 얼굴이 화난 거 아니고 웃는 얼굴로 바뀌는 거야?"

"요한아, 엄마 얼굴이 화난 거 같아?"

"응, 엄마 얼굴이 화난 아줌마 같아."

"너희들 진짜 너무한다."

"엄마 얼굴이 화가 났던 안 났던 아줌마 맞잖아. 그럼 엄마가 아가씨 인줄 알았어?"

"하선이 너는 말만 하면 꼭 엄마를 가르치려고 들어. 너는 말하지 마."

"사람이 옳은 말을 하면 꼭 듣기 싫어해요."

"너, 너, 더 말하지마."

"원래 몸에 좋은 약이 입에는 쓴 거라고 엄마가 그랬잖아. 기도해서 원래 엄마의 모습을 빨리 찾아. 괜히 동생들 공포 속에 몰아넣지 말고."

"참 나."

"얘들아, 이제부터 걱정 안 해도 되겠다. 엄마가 기도하면 아버지께 무진장 혼날 거니까 당분간 우리에게 엄청 잘할 거야. 엄마가 기도 많이 하라고 우리는 기도하자."

"응, 누나 알았어."

"누나, 지금 내가 기도할까?"
아이들이 하는 말을 들으면서 그동안 내 모습이 이렇게나 망가졌구나 생각하니 너무 부끄러웠다. 당장에 방으로 들어가 주님께 엎드려 기도하기 시작했다.
하선이 말대로 기도를 하고 나자 나는 사랑하는 연인을 만나고 온 사람처럼 흥얼흥얼 콧노래를 부르고 실실 웃으며 집안을 돌아다니고 있었다. 행복이가 밤중에 두세 번씩 깨서 울면 일어나 아이를 안고 토닥이며 재우기까지 했다. 며칠 전까지만 해도 행복이가 깨서 울면 내 눈꺼풀을 올리는 데도 시간이 너무 오래 걸려 잠자는 척까지 했던 모습은 온데간데없었다. 그저 기분이 좋아 싱글벙글 웃고 아이들과 대화하며 즐거운 집 안 분위기를 만들어갔다. 엄마인 내가 행복해 하니 아이들도 덩달아 좋아했다.
"엄마, 오늘도 들어가서 기도해. 더 오래 기도해도 돼."
하민이는 더 오래 기도하라는 말을 남기며 방으로 들어갔다. 아이들을 재워놓고 그날도 변함없이 성경을 읽고 기도를 하는데 낮에 읽었던 성경구절이 생각났다. 아브라함이 조카 롯을 구하기 위해 소돔 성에 의인 오십 명, 사십오 명, 사십 명, 삼십 명, 이십 명, 마지막으로 열 명이 있으면 그 땅을 멸하지 않으시겠느냐고 요청하는 장면이 나오는 창세기 18장 말씀이었다.
'아버지, 저는 의인입니까?'
당돌하게 주님께 여쭤보았다. 그전부터 참 궁금했던 내용이었다.
'딸아.'

‘아버지, 왜 말씀을 안 해주세요. 저는 주님 앞에 진정 의인입니까?’
‘딸아, 그런 게 궁금하니?’
‘아버지, 저는 무진장 궁금해요. 원래 궁금한 걸 못 참는 성격이잖아요. 지금 꼭 말씀해주셔야 해요.’
‘딸아, 너는 의인이 아니구나.’
‘헉.’
갑자기 몸에 힘이 빠지면서 괜히 억울해지기 시작했다. 지난 시간들이 생각나면서 주님께 의인이라는 인정도 못 받을 거면 왜 그렇게 살아왔나 싶었다. 그동안의 시간들이 파노라마처럼 펼쳐졌다.
‘아버지, 그럼 의인 소리도 못 듣는 저는 뭡니까? 저는 아버지가 이 땅에서 가장 사랑하는 딸입니까?’
‘의인이 아니다’ 란 말을 들으면 ‘저는 죄인입니다’ 라며 바로 엎드려 기도하면 될 것을 의인이 아니라는 말을 듣고 억울해서 아버지가 가장 사랑하는 딸임을 다시 확인받고 싶어졌다.
‘딸아, 너의 열 손가락을 펴보아라. 그리고는 그 손가락을 모두 깨물어보아라.’
‘깨물면 모두 아프지요. 아부지는 세상의 모든 사람들이 아부지의 열 손가락이라는 거네요. 누가 더 예쁘고 안 예쁜 게 아니고 모두 다 예쁘다는 거지유.’
‘딸아, 너희들 모두를 내가 가슴에 품고 낳았다. 누가 더 예쁘고 덜 예쁜 게 아니고 모두 다 예쁘구나. 다 내가 사랑하는 나의 자녀들이다. 다만 너는 내가 너에게 주는 모든 사랑을 다 받아먹고 있구나. 그

게 그들과 네가 다른 거야.'

'아버지가 주는 사랑을 제가 다 받고 있다고요?'

'그럼. 넌 기도할 때마다 들리는 나의 음성에 순종하며 그대로 따르고 있지 않니. 그게 내가 너에게 주는 나의 사랑이다.'

'그게 아버지의 사랑이었다고요? 저는 아버지가 하시는 말씀으로만 생각하고 하기 싫은 것도 어쩔 수 없이 순종한 게 더 많은데, 그게 아버지의 사랑이었다는 말씀이세요?'

'그래, 딸아. 내가 사랑하는 나의 자녀들에게 주는 나의 사랑이니라.'

'아이고, 그런 줄 알았다면 투정부리지 않고 그 사랑을 더 많이 받을 건데. 몰랐어요.'

의인이란 소리를 듣지 못해도 좋았다. 나만 사랑한다고 말해주지 않아도 행복했다. 아버지가 주는 사랑을 그렇게나 받아먹고 살았다니, 우리 아홉 명의 아이들이 아버지의 사랑이었다니, 남편과 나에게 신장이 하나씩 없는 것도 아버지의 사랑이었다니, 아침부터 밤까지 어려운 이들의 아픔을 돌아보며 봉사활동을 한 것도 아버지의 사랑이었다니…. 가지고 있는 게 하나도 없어서 내일을 어떻게 살아야 할지 생각하는 것조차도 아버지의 사랑이었다고 말씀해주시는 아버지께 그저 감사하고 또 감사했다.

그런데 가만히 생각해보니 또 다른 게 궁금해졌다.

'아부지, 그럼 누가 의인이에요?'

'허허허. 넌 그게 그렇게 궁금하니?'

'그럼요. 난 너무 궁금해요.'

'의인은 자신이 의인인 줄도 모르고 이 죄인을 용서해주옵소서 기도하며 가장 낮은 곳에서 내 일을 묵묵히 행하는 이들이다.'
눈물 콧물을 흘려가며 그렇게 은혜를 받고 즐거워하며 행복해하고서도 다시 화가 나기 시작했다.
'아니, 아부지 그럼 옛날에 사랑이 입양할 때, 부산으로 신장 기증하러 갈 때, 우리 가족이 아부지가 하시는 일 묵묵히 감당하며 살게 내버려두지 왜 언론에 알리신 거예요? 우리 가족이 세상에 안 나오고 그 자리에서 저는 죄인입니다, 하면서 조용히 살았으면 의인 소리 듣는 거 아닌가요? 아부지, 내 말이 틀려요?'
KBS 〈인간극장〉을 찍지 않고, MBC 〈사랑〉을 찍지 않고, 책을 내기 위해 글을 쓰지 않았더라면, 분명 의인 소리를 들었을 거란 생각에 괜히 화가 나기 시작했다.
'딸아, 너희는 내가 원하는 천국 가정의 표본이다. 내 배로 아이를 낳지 않아도 오직 내 이름으로 가족을 이루며 형제자매가 되고 부모가 되는 가정, 그게 천국의 가정이다. 서로 다른 이들이 함께 살면서 사랑으로 상처 난 곳에 새살이 돋아나게 하는 가정, 모든 아픔과 어려움을 극복해내며 내 이름으로 하나가 되는 가정이 바로 너희 가정이구나. 내 일을 이루기 위해 너희는 세상에 나온 거야. 오직 천국의 가정의 모습을 보여주기 위해서.'
'아부지. 앞으로는 의인이든 아니든, 누굴 더 사랑하는지 절대 안 물어볼게요. 오직 아부지가 주는 그 사랑으로 우리 가정을 이루어갈게요. 오직 아부지의 사랑으로만.'

'딸아, 고맙다. 이 땅에서 너의 행함으로 하늘나라의 상이 크니라.'

'아부지, 정말 고맙구먼유, 그리고 진심으로 사랑혀유.'

'딸아, 세상 무엇도 너를 대신할 수는 없다. 사랑한다, 나의 딸아.'

'하나님, 알러뷰.'

붕어빵 가족, 스타와 만나다

"어머니, 드디어 다음 주 방송이에요."

"그러네요. 피디님, 그런데 내레이션은 누가 해요?"

"영화배우 유해진 씨가 해요."

"피디님 이름이랑 같네요? 참 재미있겠어요. 자기의 이름을 서로 불러야 하잖아요. 크크크."

"그러니까요. 참 웃기더라고요. 내가 내 이름을 부르고 있는 것이요."

"유해진 씨가 방송가에 소문난 의리남이라면서요."

"그런가 봐요. 인간성이 참 좋다고 하더라고요."

"그럼 혹시 방송 끝나고 우리 아이들 보고 싶다고 강릉에 오지 않을까요?"

"그건 아마 쉽지 않을 거예요."

"이홍렬 집사님을 보세요. 이홍렬의 '편펀한 북카페'에 제 책을 소개하면서 만났는데 그 만남이 지금까지 이어지고 있잖아요. 이번에 행복이 돌잔치 하라고 100만 원도 보내주시고요."

"이홍렬 선생님 같은 경우는 극히 드물어요. 연예계에는 그런 일이 쉽지 않아요. 그리고 이홍렬 선생님은 교회에 다니신다면서요. 하은이네가 목회자 가정이어서 더 신경을 쓰시고 관심을 가져주시는 걸 거예요."

"난 꼭 올 거 같은데요."

"기대하지 마세요. 그냥 내레이션으로 끝날 거예요."

"그럼요. 기대는 안 하지요. 혹시나 해서 말해본 거예요."

그러나 나는 계속 그런 생각이 들었다.

'아부지, 가능하지 않나유. 다음 주면 하은이도 방학이라 한국에 들어오는데 영화배우 유해진 씨가 우리 집에 와서 놀다 가면 아이들이 참 좋아할 거예유. 그렇지요?

'….'

대답 없는 아버지가 서운했지만, 곧 마음의 생각을 지워버렸다.

밤만 되면 울어대는 행복이로 인해 피곤해져가는 몸으로 일주일에 2,3일은 봉사활동을 해오던 중, 그만 과로로 쓰러져 병원에 입원하게 되었다. 아이들을 양육하면서 몸이 아픈 거는 당연한 일이라고 생각했다. 이렇게 많은 아이들과 생활하는데 몸이 안 아프면 오히려 이상한 것이 아닌가. 대전에서 가난한 아이들을 위한 무료 공부방을 하면서부터 어깨와 손목이 아파왔다. 그때는 어깨에 주사도 맞고 물리치료도 꾸준히 다녔는데, 행복이를 입양하고부터는 하루 종일 아이와 함께 지내야 해서 병원에 가는 것조차 사치라고 느껴졌다.
우리 집은 그동안 세 살, 네 살, 다섯 살, 아홉 살 모두 연장아를 입양했기에 신생아 양육에 대해서는 별로 지식이 없었다. 분유 타서 먹이고 기저귀 갈아주고 가끔 한 번씩 눈 마주치면서 웃어주면 되는 거라고 생각했다. 일곱 명이나 되는 아이들을 키웠는데 신생아 한 명 키우는 일쯤이야 쉽게 생각했다.
한결이의 합류로 그야말로 하루하루의 삶은 전쟁터를 방불케 하는 고단함과 피곤함의 연속이었다. 1,2월 방학 기간에는 지옥의 50일을 보내고 있다는 말을 서슴없이 할 정도로 육신의 고통과 정신의 피폐함을 동시에 느꼈다. 이랜드복지재단을 통해 계속적으로 도움을 요청하는 분들의 전화와 주소만 들고 찾아가야 하는 가정 방문은 지친 육신을 더 지치게 만들었다. 결국엔 감당하기 어려운 상태까지 이르더니 고열을 동반하며 쓰러지는 사태까지 가고야 말았다.
새벽에 동인병원 응급실을 통해서 입원을 하고 이틀 뒤 가능한 한 큰 병원으로 옮기는 게 좋겠다는 의사 선생님의 권유로 아산병원으로 옮기게 되었다. 혈액종양내과 교수님께서 몸 상태가 너무 안 좋고 모든 기능이 바닥까지 떨어진 상태이기 때문에 어느 정도 안정이 될 때까지는 다른 환자들과의 접촉을 최대한 피해야 한다고 말씀하셔서 분에 넘치게 1인실에서 여유로운 요양을 하게 되었다.
다른 환자가 없다보니 매일같이 아이들이 병실을 찾았다. 번갈아가면서 엄마랑 자겠다는 아이들과 일주일을 병원에서 보내면서 MBC 〈사랑-붕어빵 가족〉을 하민이와 보게 되었다.

영화배우 유해진 씨의 구수한 내레이션을 시작으로 펼쳐지는 우리 가족의 이야기를 보면서 한 시간 내내 하민이와 울었다.

"하민아, 저 집 참 대단하다. 아이들도 예쁘고, 행복이 저 아이는 진짜 웃는 눈이 사람을 홀린다. 아주."

"엄마, 저 집 우리 집 아니야? 우리 집이잖아!"

"그래, 우리 집이지! 그런데 이렇게 화면으로 보니까 다른 집을 보고 있는 거 같아. 한결이 오는 거 보니까 진짜 눈물이 난다."

"엄마, 한결이 우리 집에 왔을 때 두 시간 동안 울어서 굉장히 힘들었는데 저 모습을 방송으로 보니까 진짜 슬프다. 그치?"

"응. 시청자들도 마음이 아파 이렇게 우리처럼 울고 있겠구나."

"열 번째 동생이 올 때는 한결이처럼 안 울었으면 좋겠다."

"그 아이는 어리니까 저렇게는 안 울 거야."

"엄마, 누구인지 알아?"

"아니, 몰라. 아버지가 그냥 네 살 정도 되는 남자아이를 보여주셨는데 자비원에 입양이 가능할 수 있는 네 살 남자아이가 있다고 해서 기다리고 있어."

"그럼 가서 만나봐."

"얼굴 보면 바로 데려오고 싶어질 거 같아서. 지금은 엄마가 행복이도 돌봐야 하고, 한결이도 아직까지 적응해야 하는 과정이라 또 다른 동생을 데리고 오는 건 무리야. 지금 엄마를 봐. 엄마 환자야, 하민아."

"그렇겠구나. 그럼 빨리 12월이 되어서 동생이 오면 좋겠다."
하민이와 이야기하다 둘이 끌어안고 울다가 하는 동안 방송은 끝이 났다. 얼마나 울었는지 다음 날 아침 우리 둘 다 눈이 퉁퉁 부어 있었다.
"하하하. 하민이 눈이랑 엄마 눈이 두꺼비 눈이 되었네."
"학교 가야 되는데 어떻게 해. 친구들이 놀리겠다."
"찬물로 세수하면 조금 나아져. 얼른 준비해. 아빠 오면 가야 하니까."
"응. 엄마, 오늘은 수영해야 하니까 못 와. 빨리 나아서 집으로 와. 엄마가 집으로 오면 내가 설거지도 하고 청소도 많이 도와줄게."
"고맙다, 우리 예쁜 하민 공주님. 엄마 얼른 다 나아서 집으로 갈게. 조금만 기다려줘!"
낮에 잠깐씩 오는 행복이는 환자복을 입고 링거를 꽂고 있는 엄마의 모습이 낯선지, 나만 보면 안아달라고 떼를 부리던 아이가 아빠 옆에 얌전히 있었다. 그걸 보면서 '다행이다' 라고 생각하면서 또 한편으로 서운한 건 무슨 마음인지….
"일주일 정도 행복이를 안 안으니까 어깨랑 손목이 많이 좋아지는 거 같아유. 결론은 행복이를 안지 말아야 한다는 건데 그럴 수도 없구유."
"그래도 몸이 좋아질 때까지는 안지 말아야지유. 내가 더 많이 도와줄게유."
"하은 아빠가 이보다 더 어떻게 도와주나유. 결론은 내가 일이 많다는 건데…. 좀 줄여야 할 거 같아유."

"이랜드복지재단 봉사하는 거유?"
"아이들을 어느 정도 키워놓을 때까지는 어렵지 않나 하는 생각이 드네유."
"그래도 하은 엄마가 참 좋아하는 일이잖아유."
"그러게유. 처음에는 정영일 대장님의 말이 좋아서 시작한 일이 지금은 내 삶의 일부가 되었네유. 그렇지만 이렇게 무리를 해가면서 하기에는 내 몸이 따라주지를 않잖아유."
"나야 마누라가 집에서 아이들과 있으면 좋지유. 잘 생각해서 결정하슈. 그렇게 좋아하는 일 그만두고 집에서 축 처져 있으면 내 마음도 좋지는 않으니까유."
"퇴원하고 집에서 몸도 추스르고 생각해볼게유. 이제 다음 책도 준비해야겠다는 마음도 강하게 들구유."
"병원에 입원해 있는 동안 개인적으로 많은 준비를 한 거 같네유."
"하하하. 그런가유. 생각은 많이 했지유. 흐트러져 있는 생각도 다 정리하고유. 그리고 무엇보다 정신적으로 피폐해져 있었는데 아부지와 많은 시간을 함께하니 정신이 맑아지고 상쾌해유. 매일매일이 부홍회고 아부지와의 멋진 데이트였구먼유. 병원에 입원해서 힘든 점도 있었지만 나 개인을 위해서는 내일을 위한 새로운 도전이 되었구먼유."
"우리 조금씩 나가더라도 무리하지는 맙시다. 이제 우리에게는 아홉 명의 자녀들이 있잖아유. 하은 엄마 말대로 잘 키워서 세상에 내보내려면 우리가 건강해야 해유."

"알았어유. 이번에 갑자기 모든 상황들이 겹쳐서 그랬잖아유. 이제 퇴원하면 더 신경 쓸게유."
퇴원해서 다시 아이들의 엄마로, 주님의 심부름꾼으로 복귀했다.
"역시 집이 좋은겨."

어느 날 부천 월드와이드교회 배광숙 목사님이 권사님 몇 분과 함께 휴지와 세제, 과일을 가득 들고 집으로 찾아오셨다.
"아니 목사님은 올 때마다 이게 뭐여유?"
"우리 권사님들이 어떻게 빈손으로 가냐고 다 챙겨오셨어요."
"목사님은 우리 집에 무언가를 주려고 오시는 거 같아요."
"아니에요, 내 삶이 힘들고 어려우면 강릉 사모님 집이 생각나요. 힘들 때 이곳에 왔다 가면 왠지 모를 힘이 생기는 거 같아요. 저에게는 제 삶의 선교지가 사모님 집인 거 같아요. 사모님네 사는 것만 보고 가도 '내가 뭔데 불평을 하나. 저렇게 열심히 사는 분도 계신데' 하는 생각이 마구 밀려와요. 그래서 전 여기 오면 더 많은 것을 얻어가요. 그래서 이렇게 권사님들도 오고 싶어 하시고요."
"늘 좋게 생각해주니 제가 감사하죠. 우리 식사하고 바다 보러가요."
주님의 이름으로 만나는 만남은 누구든지 간에 늘 기쁘고 즐겁다. 그 분들과 주님이 하실 일만을 기대하며 행복한 시간을 보내고 있을 때 모르는 전화번호가 뜨면서 벨소리가 울렸다.
"여보세요."
"저기 붕어빵 가족의 어머니시죠?"

어디선가 많이 들어본 목소리인데 금방 생각이 나지 않았다.
"저어, 내레이션을 맡았던 유해진입니다."
"우와! 영화배우 유해진 님이요?"
"네, 맞아요. 그런데 지금 어디에 계세요?"
"저는 강릉 우리 집인데요."
"제가 지금 집 앞 주차장에 있는데요."
"엥, 우리 집 앞에 계시다고요? 5분 안에 갈 테니 잠시만 기다리세요."
급하게 전화를 끊고 배광숙 목사님과 권사님들을 모시고 교회로 돌아왔다. 슬리퍼에 추리닝 바지를 입고 머리에는 모자를 푹 눌러쓴 채 개 한 마리와 함께 주차장에 덩그러니 서 있는 유해진 씨를 보면서, 털털한 모습 그대로의 인간 유해진을 보게 되었다.
권사님들이 엄청 좋아하시면서 휴대전화로 사진도 찍고 깔깔거리며 재미있어 하셨다. 그 사이에 우리 아이들도 한두 명씩 학교에서 끝나 집으로 오고 있었고, 미국에서 온 하은이는 눈앞에 영화배우가 있다는 사실에 좋아서 입이 함박만 해졌다. 하민이부터 동생들은 유해진 씨가 누구인지 잘 몰라 어리둥절해하고 하선이는 연신 "대박"을 외치며 사진을 찍었다.
"우리 하선이 참 예쁘지요. 저 아이가 폐가 안 좋다보니 코로 숨을 못 쉬고 입으로 숨을 쉬어 저렇게 입이 나왔어요. 그전에는 더 예뻤는데…."
"아, 지금도 예뻐요. 하선이는 그래서 입이 나왔는데 내 입은 왜 이렇게 나왔나 몰라요."
"해진 씨는 유전이지요. 안 그런가요?"
"하하하. 그런가 봐요, 유전."
하선이는 친구들과 영상 통화를 하면서 영화배우 유해진 씨와 함께 있음을 자랑했고, 유해진 씨도 하선이의 친구들과 통화하면서 진짜 유해진이 맞다며 확인해줬다. 그렇게 즐거운 시간을 보내고 아쉬운 작별을 해야 하는 시간이 되었다.
"저기, 어머니. 제가 아무것도 안 사왔어요. 아이들의 취향도 모르고, 뭘 사와야 될지도 모르겠더라고요. 어머니께서 아이들에게 필요한 걸 사주면 좋겠다는 생각이 들어서요."
슬그머니 봉투를 내미는 걸 안 받겠다고 말하는데 그래도 여기까지 온 성의를 생각해서 꼭 받아달라며 식탁 위에 올려놓았다.
"어머니, 제가 대본을 외우려고 여기 어딘가에서 텐트를 치고 하룻밤을 자려고 하는데요. 어디 좋은 야영장이 없을까요?"
"지금은 관광 시즌이 아니라 야영장이 오픈한 데가 있을라나… 그래도 바닷가에 가면 있을 거예요. 제가 안내할 테니 제 차를 따라와요."
"감사합니다. 그러면 입구까지만 안내를 해주세요."
급하게 유해진 씨가 준 봉투를 주머니에 넣고 경포 바닷가로 향했다. 우리는 차에서 내려 서로 얼굴을 마주보고 서서 이야기를 나누었다.
"유해진 씨, 마음은 너무 잘 받았어요. 그런데 난 아이들의 엄마잖아요. 자식은 부모가 책임지고 키우는 게 맞다고 생각해요. 부모의 힘으로, 주님께서 주시는 힘으로 아이들을 사랑하면서 키우고 있어요.

그래서 우리 집은 기부를 안 받고 있고요. 주신 성의는 진짜 마음으로 잘 받을게요. 우리 가족이 처음 받은 그 마음을 유지하며 살 수 있도록 도와줘요. 이 돈은 도로 가지고 가주세요."

두 손을 꼭 잡고 봉투를 내밀면서 서로를 바라보았다. 갑자기 눈에 눈물이 가득 고이는 유해진 씨를 보면서 괜히 같이 눈물이 고이고 말았다.

"제가 어머니의 마음을 붕어빵 가족 내레이션을 하면서 알게 되었어요. 저는 왜 그렇게 말씀하시는지 잘 알아요. 그런데 제 손이 너무 부끄러워하잖아요. 많은 돈도 아니고 겨우 200만 원인데 이 손을 부끄럽지 않게 해주세요…."

그때 주변에서 유해진 씨를 알아보고 사람들이 모이기 시작했다.

"어머, 유해진이야!"

"그러네, 영화배우 유해진이야!"

어느 틈에 우리는 많은 사람들이 지켜보는 곳에서 두 손을 꼭 잡고 눈물이 그렁그렁한 얼굴로 마주하고 있었다.

"저기 사인 좀 해주세요."

"같이 사진 좀 찍을 수 없을까요."

"제가 지극히 개인적인 일로 여기 왔습니다. 지금 아주 중요한 일을 하고 있어요. 지금은 안 됩니다."

이렇게 말하며 주변의 시선을 전혀 의식하지 않은 채 내 손을 꼭 잡고 있는 유해진 씨의 진심을 바라보았다.

"네. 이 돈은 제가 받을게요. 유해진 씨의 이름으로 꼭 필요한 곳에 사용할게요."

그곳에 모인 사람들에게 고개를 돌려 그가 왜 이곳에 오게 되었는지를 설명하고 그들 사이에 유해진 씨를 남겨놓고 돌아섰다.

"아니, 어머니! 저 좀 안아주고 가세요."

여전히 두 눈 가득 눈물을 머금은 모습으로 서 있는 멋진 남자를 꽉 안아주고 돌아왔다. 돌아오는 차 안에서 한참을 운 뒤 유해진 피디님께 전화를 했다.

"피디님, 유해진 씨가 오셨어요. 매니저도 없이 개만 데리고 왔어요."

바닷가에서 있었던 일을 설명하는데 갑자기 웃음이 터져 나왔다. 막상 돌아보니 생각만 해도 웃긴 장면이었다. 스타와 나이 먹은 초라한 행색의 아줌마가 봉투를 쥔 두 손을 꼭 잡고 서로 주거니 받거니 했으니 주변에 있던 사람들이 보면서 뭐라고 생각했을지…. 유해진 피디님과 그 상황을 이야기하며 한참을 같이 웃었다.

"피디님, 저번에 방송한 〈해나의 기적〉 잘 봤어요."

"해나가 아직 미국 병원에 있지요? 해나 병원비 마련을 위한 모금 운동이 진행되고 있던데 해나에게 유해진 씨의 이름으로 기부하면 좋겠어요."

"어머니, 유해진 씨가 어머니 가족을 위해 사용하라고 보낸 건데…."

"저는 이미 하나님 아부지에게 많은 걸 받았어요. 더 받을 게 없네요."

"방송의 인연으로 그 먼 데까지 가서 아이들을 위해 사용해달라고 하는 유해진 씨나 받은 사랑을 더 필요한 곳에 기부하는 어머니나 참 감사합니다. 이런 좋은 분들과 동시대를 살고 있다는 게 행복입니다.

해나 어머니께 두 분의 마음을 잘 전달할게요. 그리고 유해진 씨와 찍은 사진 좀 보내주세요. 저도 보게요."

"알았어요. 남편 휴대전화로 찍었으니 바로 보낼게요. 그런데 화면에서보다 더 웃기게 생겼어요. 크하하하하."

"크크크. 저도 공감합니다."

I LOVE YOU GOD

하루 종일 함께하는 교회

주일 아침 일찍 전화가 왔다. 삼척 고천교회 황정일 목사님이었다.

"목사님, 주일 아침부터 무슨 일이신가요?"

"사모님, 어제부터 전화했는데 안 받으셔서요."

"아, 죄송해요. 행복이가 휴대전화를 가지고 놀다가 잠깐 잃어버렸는데 그 사이에 전화하셨나 봐요."

"아이들하고 목사님하고 모두 오셔서 우리 교회 저녁예배를 함께 드리면 좋을 거 같아서요."

"목사님께서 불러주시는데 당연히 가야지요. 모두 함께 갈게요. 마침 하은이도 와 있어요. 온 가족 소풍 간다는 마음으로 갈게요."

"그래요. 예배는 7시 시작인데, 5시 30분까지 오셔서 교회에서 함께 식사해요."

"알겠어요, 목사님. 이따 뵈어요."

전화를 끊고 아이들에게 광고를 했다.

"얘들아, 지난번에 나무 십자가 목걸이 주신 할아버지 목사님 기억하지?"

"응, 엄마. 그 교회에서 우리를 초청한다는 거지?"

"응. 4시 30분에는 출발해야 해. 목사님께서 맛있는 저녁 식사를 제공해주신다네."

"우와, 신난다."

"엄마, 우리 집은 손님도 많이 오고, 놀러도 잘 가는 거 같아. 우리 집은 날마다 왜 이렇게 바빠?"

"하하하. 한결아, 우리 집이 날마다 바쁘니?"

"응. 자비원은 날마다 안 바쁜데 우리 집은 바빠."

"바빠서 싫어?"

"아니, 좋아서 그래."

"엄마도 참 좋다. 우리 즐겁고 재미있게 잘 다녀오자."

삼척 시내에서 20여 분을 달리자 시골 마을에 위치한 고천교회에 도착했다. 목사님 부부와 30여 명 되는 교회학교 아이들이 우리를 반겨주었다.

"이런 시골 교회에 아이들이 이렇게 많다니…."

내가 놀라서 한 말을 듣고 목사님이 말씀하셨다.

"이 동네는 전부 할아버지 할머니들만 사시는 전형적인 시골이에요.

교회학교 아이들은 모두 삼척 시내에서 부모님과 함께 오는 거예요.”
“거리가 먼데 여기까지 와요?”
“우리 큰딸이 이 동네 청년하고 결혼했어요. 딸은 대학생 때 여기에 왔는데 그때 중등부에 있던 사위가 첫눈에 딸을 보고 좋아해서 나중에 둘이 결혼하게 되었어요. 사위가 삼척 시내에서 태권도장을 하는데 도장에 오는 아이들을 전도하고 그 아이들이 부모를 전도해서 삼척 시내에서 300명 넘는 어른들이 이 시골까지 예배를 드리러 오고 있어요.”
“목사님, 정말 대단해요!”
“시골 교회도 전도하면 부흥된다는 걸 보여주고 싶어요. 도시 교회에서 몇 번 청빙이 왔지만 안 갔어요. 여기서 해보고 싶어서. 지금 생각해도 안 가길 잘했다 싶어요.”
“자제분도 셋이나 되는데 후회하지는 않으셨어요?”
“여기서 한 십 년 사니까 정이 들더라고요. 그걸 뿌리치고 가는 게 쉽지가 않아서 그냥 눌러 살게 되었어요. 이 동네 사람들과 처음에는 친해지기가 어려웠는데 동네 청년을 사위로 맞이하니까 사람들이 이방인 취급 안 하고 참 잘해요.”
“교인들이 목사님을 아버지처럼 생각하겠네요.”
“나는 이제 늙어서 할 줄 아는 게 하나도 없어요. 그저 교인들에게 밥만 사주지.”
“제일 잘하고 계시는데요? 예수님도 제자들에게 생선을 구어서 식사를 대접했잖아요. 목사님의 방법이 예수님의 방법이에요. 가장 좋고 친근한 목사님이신 거죠."
"난 할 줄 몰라서 밥만 산다고 했는데 알고 보니 가장 잘하는 거였네. 하하하."
부모님같이 푸근한 목사님과의 대화는 끊임없이 이어져 예배 시간이 가까워서야 식당에서 일어났다. 교회에 도착하니 작은 예배당을 가득 채운 교인들이 찬양을 드리고 있었다.
"아니, 언제 저렇게 다들 모이셨대요."
"우리 교인들은 주일에 늦게까지 교회에 남아서 예배드려요. 점심, 저녁을 교회에서 다 해먹고 저녁에 교육관에서 자고 내일 새벽예배를 드리고 삼척으로 나가요."
"진짜 꿈 같은 교회네요."
목사님의 큰따님인 전도사님이 반주를 하면서 찬양 인도를 하시는데 어찌나 목소리가 쩌렁쩌렁한지 교인들이 몇 천 명은 되는 게 아닌가 싶을 정도로 영적 카리스마를 뿜어내셨다. 어른들과 교회학교 아이들 그리고 우리 가족이 한마음이 되어 주님께 찬양을 드리는데 전도사님의 인도를 따라 일어나라면 일어나고, 율동을 하라면 율동을 따라했다. 작은 성전 가득 주님이 빛과 함께 오셔서 포근하게 감싸주시는 모습을 보았다. 우리의 모든 찬양과 기도를 받고 계시는 주님을 보면서 더욱 열정적으로 뜨겁게 찬양했다. 오래된 교회의 마룻바닥이 들썩이도록 교인들이 춤을 추며 주님께 찬양을 드렸다.
'대한민국에 이렇게 주님께 찬양하며 기도하는 교회가 있을까?'
이런 생각이 들면서 예배의 감격이 내 안에 가득 밀려들었다.

"아버지…."

온 교인이 뜨겁게 찬양하고 기도한 뒤 헌금 시간이 되었다. 황정일 목사님께서 우리 가족을 소개하시고 이어서 나를 소개하셨다. 앞에 나와보니 우리 가족을 포함해 60여 명의 교인들이 시야에 다 들어왔다. 15평 정도 되는 성전 안 열기는 만 명 모인 교회보다 더 뜨거웠다.

맨앞에 앉은 24개월 된 남자아이 두 명이 처음부터 무릎을 꿇고 있었는데 내 얘기가 끝날 때까지 무릎을 꿇고 앉아 있었다. 눈도 다른 데 돌리지 않고 집중하는데 말씀을 전하러 간 내가 더 은혜를 받으며 주님이 진정으로 기뻐하는 참 예배를 체험하는 귀중한 시간이었다.

내 이야기가 끝나자 목사님께서 성도들을 향해 말씀하셨다.

"우리 교회가 지난주까지 부흥회를 했지만, 주님 앞에 교인들이 더 많이 은혜를 받았으면 해서 사모님을 초청했어. 다들 돈 많이 가져오라고 했는데 내 말을 잘 들어줘서 고마워. 오늘 이 자리에서 여러분들이 한 헌금은 전부 하은이네로 갈 거야. 하은아, 이리 나와."

모든 교인들이 박수를 치면서 환호했다.

"여기 봉투 두 개가 있는데 이거는 네가 알아서 써. 그리고 이것도 비행기 값을 보태든 아니면 다른 데 쓰든 네가 알아서 해."

목사님께 봉투를 받고 서 있는 하은이를 보면서 돈을 받는 우리 가족이 전혀 부끄럽지도, 민망하지도 않았다. 그저 연세 드신 목사님께서 우리 가족을 위해 무언가 해주고 싶어 하는 마음이 그대로 전달되어서 감사하기만 했다.

예배가 끝났는데도 교회학교 아이들의 태권도 시범을 보고 또다시

간식을 먹으며 웃는 교인들을 바라봤다. 그곳에는 많이 배운 사람도 없고, 돈이 많은 사람도 없었다. 오직 주님만 사랑하는 사람들과 주님의 사랑을 받는 사람들만 가득 있었다. 늦은 밤, 우리는 전교인의 대대적인 인사를 받으며 강릉 집으로 돌아왔다.

"하은 아빠, 저녁 예배 시간이 전교인들과 함께 나누는 교제까지 4시간이야. 이렇게 매주 교인들이 함께한다네유. 아까 목사님이 하신 말씀 들었지유."

"아까 어떤 교인이 그러더라구유. 교인들이 교회와 집과 일터 외에는 어디에도 안 간다고유. 학생들은 학교하고 집하고 교회밖에는 모르고유."

"대한민국에 이런 교회가 또 있을까유."

"글쎄유."

목사님께서 두 개의 봉투에 담아주신 돈은 183만 원이었다. 하은이의 책 《나는 하나님의 딸》을 15권 정도 가지고 오라고 해서 13만 원은 책값으로 빼고, 70만 원은 아산병원에 헌금했다.

'100만 원은 내년에 하선이가 미국 하나님의 학교에 갈지 모르니 그때 비행기값 해야지.'

'딸아, 가진 돈을 다음 달로 이월시키지 않는다고 나하고 약속하지 않았니?'

'아버지, 그게 무슨 약속이야. 나 혼자 한 말이지. 그리고 이월 시킬 돈이나 줬남유. 주지도 않으면서….'

'아이들은 내가 책임져준다고 하지 않았니.'

'하선이가 내년 2월에 중학교 졸업이어유. 그럼 바로 하나님의 학교에 갈지도 모르는데 무슨 돈으로 비행기 값을 마련해유. 이번에 하은이는 여 대표님이 주셨지만 하선이는 그런 상황이 아니잖아요. 미국 가는 걸 미리 준비하고 있어야지유.'

'딸아….'

마음 안에 잔뜩 부담감이 밀려왔다.

'자, 통장 여기 있어유. 그 안에 10원짜리도 없고 오직 100만 원만 있네유. 아버지 가져가유.'

그리고 화가 나서 방으로 들어왔다.

이태형 국장님이 국민일보기독교연구소의 소장으로 자리를 옮기시면서부터 연구소를 방문하는 사람들과 나눈 이야기를 페이스북에 올리시는데, 늘 그 글을 읽으며 많은 은혜를 받았다. 그날에는 어려운 나라에서 사역하시는 선교사님들의 이야기가 올라왔는데, 소장님의 글을 통해 주님을 향한 그 분들의 사랑과 헌신이 온전히 전달되었다. 글을 읽는 내내 눈물이 멈추지 않더니 나중에는 폭포수처럼 쏟아져 내렸다.

'아부지, 미안해, 내가 잘못했어. 이분께 선교비로 보내라는 거지. 내가 잘못했어. 아부지. 엉엉엉.'

얼마나 울었는지 모른다.

'딸아, 아이들은 내가 책임지마. 오직 나를 위해 어려운 나라에서 목숨 바쳐 사역하는 저들의 아픔과 눈물을 잊지 마라.'

'예, 그럴게요. 아부지, 그렇게 할게유.'

이태형 소장님께 전화를 드려 바로 계좌번호를 받은 다음 두 분의 선교사님께 선교비 50만 원씩을 입금했다.

'아부지 이제 통장 비었어요. 봐유, 잔고가 0으로 나오지유. 확실히 봐유.'

'그놈 참….'

열 배로 주시는 하나님

삼척 고천교회에서 받은 헌금 중 일부분을 두 명의 선교사님께 보내고 정확히 한 시간 뒤에 인간극장 〈바보가족〉을 연출한 이상현 피디님의 전화를 받았다.

"사모님, 잘 지내시지요."

"그럼요. 잘 지내고 있어요. 아이들이 둘리 아저씨 이야기를 많이 해요."

"아, 인간극장 촬영할 때 아이들이 저보고 둘리라고 했지요. 촬영감독에게는 고길동이라고 하고요."

"오래전인데도 아이들은 엊그제 촬영했던 것처럼 다 기억하며 이야기를 하네요. 둘리가 아이들을 진심으로 사랑하고 예뻐했다는 증거지요."

"제가 한 게 있나요. 저도 아이들과 진짜 즐거웠어요. 제가 실은 JTBC 교양국으로 자리를 옮겼어요."

"그러셨구나."

"이번 추석 기간에 새로 편성된 〈문지애의 당신을 바꿀 여섯시〉라는 프로가 있는데 목요일에 '엄마의 공간' 이라는 방송을 해요. 시작을 사모님 가정에서 했으면 해서요."

"어떻게 하는 건데요?"

"인테리어 사무실을 운영하시는 대표님과 함께 담당 피디가 집을 방문할 거예요. 아이들을 키우는 엄마들에게 자신만을 위한 공간을 만들어주는 거지요."

"으흐흐. 정말이지요? 나중에 딴소리하기 없기에요!"

"그럼요, 첫 방송이라 더 신경 써서 할 거예요. 하실 거지요?"

"그럼요, 당연히 해야지요. 꼭 바꾸고 싶은 공간이 있었거든요."

"잘됐네요. 그럼 즐겁게 촬영하시고요. 저는 다음에 아이들 보러 한 번 갈게요."

"감사해요, 둘리 팀장님!"

며칠 뒤 엄마의 공간 피디님과 작가님이 우리 집에 오셨다.

"어머니 어떤 공간을 갖고 싶으세요?"

"저는 다른 건 다 괜찮고요, 저기 아이들 공부방이요. 아이들이 늘어나면서 의자를 하나하나 놓다보니 책상이 좁고 무엇보다 책을 놓을 공간이 없어서 저렇게 쌓여 있어요. 바닥은 컴퓨터선과 전등선이 얽혀 있어 지저분하구요. 그리고 무엇보다 문이 있는 서랍이 없다보니 먼지가 많아요. 아이들이 오래 있는 곳이다 보니 늘 지저분하고요. 이 공간을 확 바꿔주시면 안 될까요?"
"하하하. 저희가 오기 전에 미리 다 준비를 해놓으셨군요. 음, 그런데 엄마의 공간이라 엄마가 사용하는 곳을 바꿔야 하는데요."
"저도 사용해요. 이곳에서 글도 쓰고 아이들과 공부도 하고 책도 읽어요. 그런데 공간이 너무 좁다보니 저 구석에 있는 작은 앉은뱅이 원탁이 제가 책을 읽는 유일한 공간이에요."
"그래도 엄마의 공간인데…."
"자식과 함께하는 게 엄마의 공간이지요. 아이들이 아직 어려서 저만의 공간은 의미가 없어요. 오직 아이들과 함께일 때 그게 엄마의 공간이 되는 거지요. 부탁합니다."
"어머니께서 그러시다면 좋아요. 그런데 이 방으로는 우리가 원하는 모양이 안 나와요. 공부방이 거실로 나오면 안 될까요. 이제 날씨도 추워지는데 아이들이 모두 거실에서 잔다면서요. 거실로 공부방이 나오면 이 방은 잠자는 방으로 바꿀 수 있으니까 그게 더 좋지 않을까요?"
"멋진 공부방이 생긴다는데 방이 바뀌는 건 괜찮아요. 마음대로 해주세요."
인테리어 대표님께서 거실 벽면 치수를 재고 한참을 고민하시다 돌아가셨다.
피디님과 작가님은 남아서 우리의 일상을 촬영하셨다.
"어머니, 다음 주 금요일과 토요일 공부방 공사를 할 텐데 가족들이 공사 장면을 보면 안 돼요. 근교 가까운데 펜션을 잡아드릴 테니 아이들과 고기도 구워 드시고 하루 재미있게 노세요."

"우리야 좋지요. 그저 고맙다는 말밖에는 할 말이 없어요."

"공사하느라 집도 엉망으로 만들고 오히려 일거리만 드리지 않나 걱정이 되네요."

"집 정리하는 데는 제가 선수예요. 그리고 묵은 먼지가 쌓이는 게 싫어서 가끔 집 안의 물건들을 이리저리 잘 옮겨요. 걱정하지 마세요. 그나저나 이 많은 책을 옮기려면 힘들 텐데요."

"그래서 인부 두 분을 따로 불렀어요. 걱정 안 하셔도 돼요."

"알겠어요. 저는 모릅니다. 그냥 나가서 아이들과 신나게 놀다 들어올 거예요."

"그러세요. 확 바뀐 모습을 보고 좋아해주시면 됩니다."

그렇게 해서 아이들과 펜션에서 고기도 구워 먹고 즐거운 하루를 보낸 후 다음 날 집으로 돌아왔다.

현관문을 열고 들어오는 순간 은은히 풍기는 나무의 향이 코끝을 간지럽히더니 눈앞에 방송에서만 보던 광경이 펼쳐졌다. 연두색과 하늘색을 좋아한다고 말했더니 멋진 맞춤형 책상과 책장 서랍이 연두색, 넓은 거실 창문을 감싸고 있는 블라인드는 하늘색이었다.

"어머니, 마음에 드시는지…."

"입이 벌어져 다물어지지가 않아요. 얼마나 마음에 드는지 몰라요. 너무 감사해요."

아이들이 새로 맞춘 책상에 모두 앉고도 자리가 남았다. 미국에 있는 하은이 자리와 12월이 되면 새로 올 아들의 자리까지 넉넉한 공간을 보면서 또 눈물이 흘렀다.

'아부지, 고마워!'

"어머니 이 공간을 만드는 데 든 비용이 정확히 천만 원이라네요."

"으잉, 천만 원!"

선교사님들을 향한 내 마음을 보시고 주님께서는 열 배의 기쁨과 축복으로 다시 돌려주셨다. 주님을 위한 일을 하는 사람들을 돕기 위한 작은 나눔에 열 배로 돌려주시는 주님으로 인해 오늘도 우리 가족은 행복하다.

"엄마, 이번에 춘천에서 빙상경기가 있는데 우리 다 시합에 나가래."

"누가?"

"부장 코치님이 말씀하셨어."

"우와, 다니엘 너랑 사랑이, 한결이까지?"

"응, 실전 경험도 해봐야 한다면서 우리 다 나가보래."

"그럼 너희들도 선수가 되는 거야?"

"그건 모르겠어."

"하은 아빠, 이따가 아이들 데리러 오면서 코치님께 여쭤봐유. 아이들이 시합 나간다는데 어떤 시합인지유."

"그러지유."

사랑이와 다니엘은 스케이트 신발을 신은 지 일 년이 넘어가고 있었다. 한결이는 3월부터 운동을 했는데 벌써 시합에 나간다는 게 아직은 이르지 않은지 걱정도 앞섰다. 시합에 나가 꼴찌로 들어오면 기가 죽어 운동을 안 하려고 하지는 않을까 염려되었기 때문이다.

"하은 엄마, 그냥 참가시키는 거래유. 3학년 아래로는 다 B급 대회라네유. 어차피 다들 아마추어라 재미삼아 하면 되는 거래유. 걱정하지 말구 내보냅시다. 아이들이 꼴찌로 들어오면 열 받아서 더 열심히 할지 모르잖아유."

"그래유, 내보내는 것도 나쁘지는 않겠네유. 나간다고 하고 출전비 내슈."

"벌써 내구 왔구먼유. 코치님이 우리가 부담스러울까 봐 한 명 비용만 받으셨어유."

"에고, 미안해라. 그런데 참가비가 만만찮네유. 일 년에 서너 번 있으면 다 참석하기는 어렵겠네유."

"그래도 신발과 강습비는 학교에서 부담하니까 감사하지유. 시합 출전비도 부모가 감당을 못하면 운동선수를 키울 자격이 없지유. 난 힘들어도 모든 시합에 아이들 다 내보낼 거구먼유."

"웃자고 한 말에 정색을 해서는. 당연히 내보내야쥬. 그렇다고 자격까지 운운하고."

"내가 심했나유. 미안혀유. 그냥 아이들 제대로 뒷바라지해줘야 하는데 부모로서 미안한 생각이 들어서 그랬구먼유. 그런 뜻이 아닌데 정말 미안혀유. 마누래."

"알아유, 무슨 뜻인지…. 그렇다고 어울리지도 않게 콧소리까지 섞으면서 말한대유. 징그럽게."

"허허허."

"하은 아빠, 고마워유."

"뭐가유?"

"이렇게 아이들로 인해 웃을 수 있는 날을 함께해줘서유."

"나는 더 고맙구먼유. 아이들의 아빠로 살게 해줘서유."

"우리는 이게 문제여. 남들은 인정 안 하는데 서로 자화자찬한다는 거유."

"허허허. 우리끼리라도 이렇게 살면 되지유."

아이들의 첫 시합날이 되었다. 아이들보다 더 떨리는 마음으로 춘천 실내 빙상장으로 들어섰다. 부장 코치님의 배려로 사랑이와 다니엘은 같은 3학년인데 따로 시합을 하도록 편성을 해주셨다. 먼저 다니엘의 시합을 알리는 총소리가 들렸다. 멀리서 준비하고 있는 모습을 보는데 손에 땀이 나기 시작했다. 스타트부터 앞섰던 다니엘은 끝까지 1등을 유지하며 2등으로 들어온 친구보다 반 바퀴나 앞서서 들어왔다. 트랙을 다섯 바퀴 도는 내내 일등을 달리면서도 연신 뒤를 돌아보다 옆을 돌아보다 하는 다니엘을 보는데 웃겨서 긴장감은 어느 틈엔가 다 사라지고 말았다.

첫 시합을 무난하게 1등으로 들어오면서 환하게 웃는 다니엘에게 손을 번쩍 들어올렸다.

"1등으로 들어온 저 아이가 제 아들이에요."

누가 물어보지도 않았는데 옆에 있는 사람들에게 자랑을 하고 있었다. 바로 이어서 사랑이가 트랙에 서 있었다.

'사랑이 때문에 시작한 쇼트트랙인데….'

더 긴장감이 몰려왔다.

'사랑아~!'

마음속으로 기도가 절로 나왔다.

'아버지….'

출발과 함께 트랙을 도는데 사랑이는 2등으로 스타트를 시작했다. 이어서 바로 1등으로 달리고 있는 아이를 제치고 아주 가뿐히 1등으로 올라오더니 계속 1등을 유지하며 다섯 바퀴를 돌았다. 너무 좋아서 팔딱팔딱 뛰면서 소리를 질렀다.

"저 아이가 내 아들이에요."

다니엘이 1등으로 들어올 때는 그냥 기뻤는데 사랑이가 1등으로 들어오니까 가슴이 벅차고 기뻐서 눈물까지 나오는 걸 보며 내 안에 사랑이는 여전히 안쓰러운 자식이란 걸 알게 되었다.

다니엘은 어디에 내놔도 걱정이 없을 정도로 영리하고 상황 파악을 잘하는데 비해, 사랑이는 영리하지도 않고 순간 파악도 늦어서 늘 쳐지고 무엇보다 다리가 불편해서 제대로 된 생활을 할 수 있을까 걱정이었다. 그런 사랑이가 다니엘보다 더 빠른 시간으로 1등을 하는 걸 보니 감격스럽고 기뻤다. 빙상장 밖으로 나오는 사랑이를 안고 수고했다는 말을 열 번도 더 했다.

"엄마, 나 잘 달리지?"

"그래, 우리 사랑이 진짜 잘 달리더라. 얼마나 빠르고 잽싼지 엄마가 다 긴장이 됐어. 정말 수고했어, 우리 아들!"

"엄마, 나는 왜 사랑이 형만큼 칭찬 안 해줘? 나도 1등이야. 금메달이라고!"

"우리 다니엘도 정말 잘했어. 너는 뭐든지 잘하잖아. 달릴 때 집중하면서 앞만 보면 진짜 잘할 거야. "

"내가 뒤를 돌아본 거는 뒤에 있는 애들이 나랑 얼마나 차이 날까 생각이 들어서야."

"그게 뭐가 그렇게 궁금해. 그것만 아니면 시간대도 사랑이보다 더 앞섰을 텐데, 하여튼 너무 잘했어. 그리고 다니엘, 사랑이 형은 다리가 아프잖아. 평생 저 다리로 살아야 하고…. 그래서 엄마는 사랑이가 오늘 대회에서 1등한 게 기적이라 더 흥분을 한 거야. 사랑이의 한 걸음 한 걸음이 엄마에게는 가슴 아픈 과거였는데 지금 보니까 희망을 노래하는 미래라는 걸 알았어. 사랑이의 아팠던 다리까지도 온전히 끌어안고 사랑하니까 그 사랑이 희망으로 바뀐다는 걸 오늘 사랑이 시합하는데 주님이 알려주셨어. 그래서 엄마가 너무 많이 기쁘고 행복해."

"무슨 말인지는 모르지만 엄마가 좋아하니까 나도 좋아."

"그래 다니엘, 엄마 너무 좋아. 이따 한결이 시합 때도 좋은 결과가 있으면 좋겠다. 그치?"

"응, 엄마."

잠시 시간이 남아 얼른 화장실로 달려갔다. 화장실 변기에 쭈그리고 앉아 주님께 감사기도를 드렸다.

"아부지, 흑흑흑."

눈물이 콧물이 되어 한참을 울고 있는데 뒤에서 주님이 날 가만히 안아주셨다. 싸늘했던 빙상장의 추위는 뒤로 하고 금세 따뜻함이 밀려왔다.

'딸아, 너의 수고를 내가 안다. 사랑이는 내가 함께 달렸구나. 앞으로도 내가 함께 달리마.'

'아부지, 고마워유! 정말 고맙구먼유.'

화장실 안에서도 아부지랑 함께함이 이렇게 기쁘고 행복한 일임을 깨닫고 한결이의 경기를 보러 빙상장으로 들어갔다. 빙상장 안에서도 천방지축으로 까부는 한결이를 보면서 마음이 불안해졌다.

'에이구, 저 놈이 잘 달리기나 하려나. 내가 다 걱정이 앞서네.'

멀리서 날 발견하고 손을 흔들며 산만하기 그지없는 모습으로 나오는데, 그 모습이 얼마나 웃긴지 관람하고 있던 사람들까지 다 웃었다.

'아들아, 진정하고 출발 소리 잘 들어라. 아부지, 한결이도 함께해주세요.'

스타트를 알리는 소리와 함께 아이들이 모두 미끄러지듯 나오는데 한결이만 급한 성격에 스케이트 신발로 "다다다" 뛰고 있었다. 모든 사람들이 웃고 난리가 났다. 코너를 돌기까지 한결이의 스케이트 날 소리는 멈추지 않았다. 그런데 코너를 돌면서 안정적으로 변하더니 빙판 위를 미끄러지듯 치면서 1등으로 달렸다. 다니엘처럼 뒤를 돌아보지도 않았고 사랑이처럼 직선 코스에서 왔다 갔다 하지도 않았다. 2등과 한참의 거리를 유지하며 1등으로 골인하는 한결이를 보면서 또 소리치기 시작했다.

"저 아들이 제 아들이에요. 제 아들이!"

또 눈물이 나기 시작했다.

'아부지, 그렇게 힘들던 한결이가 또 자신의 꿈을 향해 한 발을 디뎠어요. 한결이도 요한이처럼 기적을 노래하기 시작했어요. 아부지!'

'사랑하는 딸아, 아이들 모두가 기적을 노래할 거다. 너는 나의 기적이구나. 고맙다. 딸아.'

'아부지, 지금 저를 칭찬하는 거지유?'

'딸아, 난 늘 널 칭찬했다. 사랑한다.'

'아부지, 사랑혀유. 완전 많이 사랑혀유.'

자전거 타는 가족

남편은 일찍부터 아이들에게 자전거를 가르쳤다. 게다가 우리 집 앞 초등학교 운동장은 자전거를 연습하기에 참 좋았다. 강릉으로 이사 온 후로는 제법 먼 거리도 자전거로 왕복을 했고 그것도 성에 안 찼는지 남편은 급기야 학교에 현장체험학습을 신청하고 아이들과 자전거 여행을 시작했다. 아이들은 아빠와 함께 자전거를 타고 여행하는 걸 좋아했고 갈수록 더 먼 거리를 자전거로 달리기를 원했다.

"엄마, 이번에는 엄마도 같이 가자."

"요한아, 엄마는 누나들 밥해줘야 해. 남자들끼리 다녀오세요."

"엄마, 나도 학교 안 가고 아빠랑 동생들과 자전거 여행 하고 싶어."

"하민아, 너는 수영해야지, 그리고 지난번에도 학교 안 가고 아빠랑 놀러갔다 왔잖아."
"이번에 또 가고 싶어. 엄마, 제발."
눈까지 찡긋거리는 하민이를 보며 결국에 승낙하고 말았다.
"이러다 우리 집 아이들은 출석 일수가 부족해서 학교를 다시 다녀야 할지도 몰라."
"엄마, 걱정하지 마, 그럴 일은 절대 없어. 헤헤헤."
"하민아, 자전거 타는 게 학교도 안 가고 싶을 만큼 재밌냐?"
"응, 진짜 재밌어. 아빠랑 동생들이랑 자전거를 타고 한 줄로 죽 달리다 보면 지나가는 사람들이 손도 흔들어주고, 인간극장에 나온 바보 가족이라며 소리도 질러."
"사람들이 아직도 알아보니?"
"응, 어떤 사람들은 사진도 찍어. 그러면 동생들이 얼마나 즐거워하고 좋아하는데."
"자전거 여행에 재미가 붙었구만."
"휴게소에 차를 주차하고 아빠가 끓여주는 라면이 얼마나 맛있는데. 진짜 행복해."
"요한아, 집에서 편하게 밥 먹는 게 좋지, 휴게소 화장실에서 물 받아와 끓여먹는 라면이 뭐가 맛있냐."
"엄마가 몰라서 그래. 얼마나 맛있다고. 그리고 밤중에 차 안에서 이불 깔고 누우면 창문 밖으로 엄마가 좋아하는 별들이 다 보여. 누워서 아빠랑 노래도 부르고 게임도 하고 얼마나 재밌는지 엄마는 몰라. 행복이도 우리 옆에 누워 재밌다고 깔깔거리고 웃어."

"그나저나 하은 아빠, 이번에는 2박이나 하는데 두 번 다 차 안에서 잘건감유?"
"아이들이 차 안에서 자는 걸 참 좋아하네유."
"그러지 말고 어디 찜질방이나 모텔 같은 데서 하룻밤 자유."
"그럼 배낭여행이라고 할 수 없지유. 아이들과 차 안에서 자는 게 더 운치 있고 재미있어유. 남자아이들이라 자전거 여행 한번씩 하고 돌아오면 많이 성숙해진 거 같기도 하고. 난 차 안에서 아이들과 함께 부대끼고 자는 게 더 좋구먼유. 나중에 아이들이 더 성장하면 그때는 그래야겠지유."
"하은 아빠는 다리가 길어서 잠자기도 불편할 텐데, 그럼 이번에는 행복이는 놓고 가유."
"무슨 소리여유. 행복이가 있어서 얼마나 재미있고 즐거운데 놓고 가라니유. 14개월 때도 데리고 갔는데 지금은 18개월이여유. 얼마나 깔깔거리고 좋아하는데, 절대 안 되유."
"나야 하은 아빠 더 편하라고 그러는 거지유. 지난번 여행은 하룻밤이었지만 이번에는 이틀 밤을 차 안에서 자야 하는데 비라도 오면 어떡하나 걱정이 돼서유."
"남자아이들이라 괜찮아유. 이렇게 해야 형제간에 우애도 깊어져유. 걱정하지 마유. 잘 다녀올테니까."
"우리 여자들이야 너무 좋지유. 하선아, 하민아, 우리는 집에서 편안하게 쉬자."
"엄마, 나는 가게 해줘. 나도 가고 싶단말야."

"하민아. 생각을 해봐. 동생들이 여섯 명에 아빠도 있어. 이제는 봉고차 안에 너까지 못 들어가. 잠을 어떻게 자려고 그래?"

"엄마, 몸을 구부리고 자면 돼. 나도 가고 싶어."

하선이가 끼어들었다.

"하민아, 우린 안 돼. 엄마가 차를 한 대 더 가지고 가서 잠을 자면 또 모를까."

"치…."

일곱 남자들이 각자 자전거에 올라타고 행복이는 아빠 자전거에 달린 보조 안장에 올라탄 후, 세 명의 여자들 주변을 자전거로 몇 바퀴를 돌다가 떠났다. 자전거가 보이지 않을 때까지 손을 흔들며 잘 다녀오라고 소리를 지르다 집으로 들어왔다.

극성스러운 남자아이들이 없으면 홀가분하고 여자들끼리 재미있을 거 같았는데, 문을 열고 집으로 들어오는 순간부터 썰렁하고 허전했다. 한 시간 정도는 하은이 이야기도 하고 하선이 학교에서 있었던 이야기, 하민이의 수영 이야기로 이야기꽃을 피웠지만 곧 심심해졌다.

아들 녀석들이 지금쯤 어디에 가고 있는지 궁금해서 하선이도 하민이도 아빠에게 전화를 하기 시작했다. 나중에는 여자들에게 오는 전화와 문자 때문에 자전거 타는 게 힘들다며 전화도 받지 않고 문자도 주지 않았다. 중간중간 쉬는 지점에서 우리 집 멋진 아들들은 엄마가 궁금할까 봐 전화로 실시간 중계를 해주었고 행복이는 전화기 너머로 "엄마"를 외쳤다. 아이들의 목소리를 듣고만 있어도 왜 이리 가슴 시리도록 행복한지.

"엄마, 엄마, 엄마."
끝도 없이 불러대는 아이들의 목소리를 들으며 사랑하는 내 아버지의 마음을 느낄 수 있었다. 하루만 아이들이 눈에 보이지 않아도 이렇게 허전하고 공허한데 우리 아버지는 내가 주님을 외면하고 멀리하고 싶은 마음을 품었을 때 얼마나 외로우셨을까?
"아버지, 사랑하는 나의 아버지. 아이들과 정신없는 날들을 보내다가 혹시나 아버지를 잊고 외면하고 살아온 시간들이 있었다면 미안해요. 아이들이 잠깐만 안 보여도 허전하고 못 살 거 같은데 등 돌린 나를 보면서 아버지는 얼마나 외로우셨을까요? 아버지, 미안해요."
아홉 명의 아이들을 키우면서 자식이 많아질수록 아버지의 마음을 더 많이 알아가고 있음을 느꼈다.
길기만 했던 이틀이 지나고 아들들은 키가 1센티미터는 더 자란 거 같은 모습으로 내 곁에 돌아왔다. 남편의 말대로 조금 더 성숙해져서 의젓한 모습으로 짐을 정리하고 동생들을 챙기는 모습을 보면서 주님께 더욱 감사를 드렸다.
"하은 아빠, 참 감사하네유. 아이들이 어느 틈에 저렇게 자라서 자기들의 몫을 잘 감당하고 있으니."
"그러게유, 아이들이 중학교 가게 되면 24인승 미니버스 임대해서 전국일주 합시다."
"엉?"
"좋잖아유. 차에 자전거를 싣고 가다가 좋은 곳에서 내려 자전거로 한 바퀴 돌고, 다시 차로 돌아오고, 밤에는 차 안에서 자고."

"이번 여행에서 많은 생각을 했나봐유."
"요즘 무너져가는 한국교회를 보면서 먼저 가정이 회복되어야 한다는 생각을 해유. 우리 가정이 전국일주를 하면서 가정의 참 모습을 알려주면 좋을 것 같아유."
"우와! 아주 근사한데유. 이번 여행에서 하은 아빠가 많은 걸 깨닫고 돌아온 거 같아유."
"우리 가족을 통해 주님이 하실 일이 많다는 생각이 자꾸 드네유. 나도 마누래처럼 주님께 순종하며 살고 싶네유."
"하하하! 하은 아빠가 언제는 순종 안 했남유."
"허허허!"
"그래유. 우리 4년 뒤에 아이들과 전국일주 하자구유. 차 바깥에 현수막도 걸어유. 행복이네 전국일주!!"
"재미있겠네유. 지금부터 기도로 준비해유."
"아이들이 좋아하겠네유, 학교도 안 가고 전국일주 하자고 하면유. 하은 아빠. 고마워유."
"무슨 소리여유, 내가 더 고맙지유. 아이들의 아빠로 살게 해준 것도 고맙구, 이렇게 예쁜 마누래의 부족한 남편으로 살게 해주어 고맙구먼유."
"부족하다니유, 분에 넘치게 좋은 사람이구먼유. 내가 고맙지유."
오늘도 우리 부부의 자화자찬으로 행복한 하루를 마무리했다.

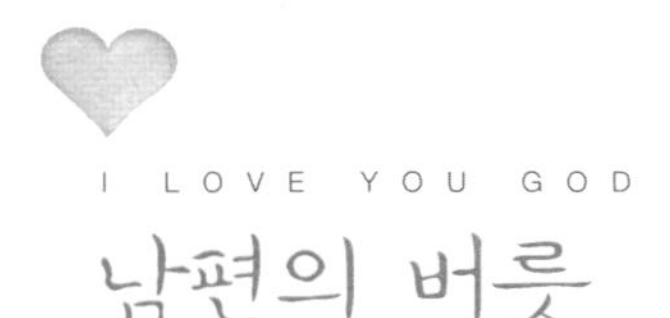

I LOVE YOU GOD

남편의 버릇

남편과 결혼하여 20년을 넘게 살면서 남편이 소리를 지르거나 화를 내는 걸 한 번도 본 적이 없다. 신혼 초에 술을 마시고 늦게 귀가하는 남편에게 화를 내며 소리를 지른 적이 있었다. 그러면 남편은 아무 말도 하지 못하고 눈만 끔벅거리면서 나를 자신의 넓은 가슴에 안으며 이렇게 말했다.

“미안해유, 내가 잘못했구먼유, 그런데 사랑하는구먼유.”

20년이 넘는 시간을 함께하면서 남편은 속상한 일이 있어도 화를 내지 않고 하늘을 먼저 쳐다보았다가 잠시 땅을 내려다봤다.

“하은 아빠, 화가 나면 차라리 말을 하슈. 오랜 시간 옆에서 보니까 이제는 하은 아빠의 습관을 알 거 같애.”

“무슨 습관이유?”

"당신은 화가 나면 하늘과 땅을 계속 번갈아 보는 거 같더라구유."
"허허허… 그걸 알아챘어유?"
"그걸 모르겠남유. 특히 주님께 온전히 돌아오고 나서는 더한 거 같아유. 차라리 말을 하슈."
"마누래, 난 말여유. 나 같은 사람이 무슨 할 말이 있을까? 그런 생각을 늘 해유. 가끔은 억울하고 답답해서 말이라도 하고 싶을 때가 있어유. 그럴 때 하늘을 보면서 '아버지, 제가 어떻게 해야 하남유' 하고 주님께 여쭤봐유."
"…."
"난 당신처럼 응답을 금방 받는 사람도 아니고, 주님의 음성은 더더욱 잘 듣지도 못하니까 하늘 보고 고개를 숙여 날 쳐다봐유. 내 자신을 바라보는데 한심하기 그지없는 사람이 서 있는 거예유. 그리고 주님께 이렇게 말해유. '주님이 이 자리에 계시면 어찌하시겠습니까?' 그러면 답이 나오더라구유. 하늘 보고 주님께 묻고 다시 고개를 숙여 날 보면서 나 같은 죄인이 무슨 할 말이 있겠나 싶어 입을 다무는 거예유. 그러니 우리 집이 조용하잖아유."
"뭐여, 그럼 나만 떠들고 소리 지르는 나쁜 사람 만들어 놓고 하은 아빠만 주님 마음을 안다는 거예유? 듣고 보니 굉장히 기분이 나쁠라고 하네."
"허허허 오해여유. 마누래 기분 나쁘라고 한 말이 아니라 내가 그렇다는 거지유."
"나도 알아유. 내가 내 남편을 모르겠어유. 하은 아빠가 화 났을 때 그런 방법으로 자신을 훈련시켰다는 걸 이제야 알았네유. 참 좋네유. 나도 지금부터 실행해볼게유. 화가 나서 참기 어려울 때 하늘을 한 번 보고 다시 고개를 숙여 나를 보구. 이러기를 서너 번 하고 나면 싸울 일도 없어지겠네유."

"이 땅에서 살 날이 얼마나 된다고 싸우고 화 내고 한대유. 서로 이해하고 양보하면 되는 걸유. 늘 생각하는 거지만 성격 급한 마누래가 답답한 날 보면서 얼마나 힘들겄어유. 그래서 늘 미안하구먼유."

남편은 늘 이랬다. 자신이 옳은 일을 해도, 미안한 일을 해도 늘 미안하다, 고맙다, 그리고 사랑한다고 말했다. 결혼 생활 20년을 넘기고 보니 성격 급한 나와 함께 사는 남편의 지혜를 알게 되었다. 그러면서 느리다고 소리만 지르고 화만 냈지 남편과 함께하고자 하는 지혜를 생각해내지 못한 내 자신을 돌아보았다.

부부 싸움은 이기고 지는 게 아니고 더 사랑하는 사람이 더 배려하는 것이라는 사실을 남편을 통해 알게 되었다. 남편으로 인해 속상해하는 나 때문에 오히려 더 가슴이 아프다는 남편의 말을 들으며, 부끄러워 고개가 저절로 숙여지면서 하선이가 늘 하던 말이 생각났다.

"엄마는 아빠 만나서 인생 땡 잡은겨."

자식들도 알고 있는 사실을 나만 모르고 살아왔다.

"아부지 고맙구먼유, 저의 인생을 땡 잡은 인생으로 만들어줘서유."

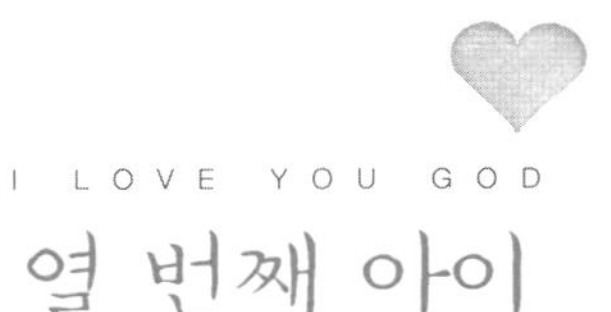

I LOVE YOU GOD

열 번째 아이

아버지께서 열 명의 아이들을 내 품에 안겨주겠다는 말씀을 듣고 늘 주님께 아이를 위해 기도했다. 가슴으로 품은 아홉 명의 아이들과 앞으로 가슴에 품을 한 명의 아이를 위해서 엄마로서 해줄 수 있는 게 오직 기도밖에 없음을 알았기 때문이다.

하루는 한결이가 내 손을 잡고 말했다.

"엄마, 엄마 손이 행복이처럼 따뜻해."

"…."

엄마 손이 따뜻하다는 한결이의 말에 그만 베개가 흠뻑 젖을 정도로 눈물이 흘렀다.

"한결아, 엄마가 우리 아들 너무 고마워. 잘 적응해주고 엄마를 좋아해주어서 너무너무 고마워."

"엄마, 나도 고마워."
사랑스러운 아들 한결이를 가슴에 꼭 끌어안고 잠을 잤다. 그날 밤, 얼굴이 하얗고 작은 남자아이가 내게 막 달려오면서 품 안에 안기는 꿈을 꾸었다. 꿈에서 깨고 난 뒤에 자고 있는 한결이를 옆에 두고 엎드려 기도했다.
'꿈에서 본 아이가 너의 열 번째 아이다.'
생생한 주님의 음성이었다. 그동안 아홉 명의 아이들은 누군지 모르고 가슴에 품었는데 마지막 아들은 미리 어떤 아이인지 주님께서 꿈을 통해 보여주셨음을 알게 되었다.
'아버지, 지금 3월이니까 올해가 가기 전에 마지막 아들을 데리고 올께유. 아버지가 원하시는 가족의 완성을 이루며 아이들과 행복하게 살거구먼유.'
'고맙다, 내 딸아!'
그로부터 시간이 흘러 어느덧 마지막 아이를 데리러 가야 할 날이 다가왔다.
"이태형 소장님!"
"아, 사모님. 잘 지내시지요."
"그럼요, 독일은 잘 다녀오셨지요? 피곤하지 않으세요?"
"신앙이 순수하고 열정적인 사람들을 만나고 오니까 오히려 정신이 번쩍 들었어요. 피곤할 정신도 없어요."
"우리 소장님은 역시!"
"그나저나 열 번째 아이는 언제 오나요?"

"12월 10일에 데리러 간다고 했어요. 이름은 언제 지어줄 거예요!"
"이번 주 안에요. 이름 짓기가 쉬운 게 아니더라고요."
"그래서 제가 소장님께 부탁한 거지요."
"알겠습니다. 제가 빨리 지어서 전화할게요. 미국에 있는 하은이는 잘 지내지요?"
"예, 아주 잘 지내고 있대요. 어제 통화했어요."
"신정하 장로님께서 하선이 얘기는 더 안 했대요?"
"아니요, 하셨대요. 내년에 하선이 들어오게 한다고요."
"정말 잘되었네요!"
"모두 소장님과 사모님 덕분이에요. 두 분이 내 일처럼 애써주시고 수고해주셔서 이런 기쁜 소식을 받게 된 거 같아요. 정말 감사해요."
"사모님이 아이들과 열심히 살아서 그런 거지요. 사모님 가정을 보면 진짜 하나님께서 돌봐주신다는 확신이 들어요. 사람으로서는 이루지 못하는 일들이에요."
"그래서 더더욱 세상을 바라볼 수 없어요. 저는 오직 주님만 바라보며 나아가요. 호호호."
국민일보 이태형 소장님과 통화를 하고 나면 늘 기분이 상쾌해진다. 날마다 우리 가족을 위해 행복한 소식을 전달해주는 하나님의 집배원 같다. 하선이가 하은이에 이어 하나님의 학교에서 장학생으로 공부할 수 있도록 최선을 다해 노력해주셨음을 누구보다 잘 알기에 늘 감사하다. 갚을 길이 없어 오직 이 가정을 위해 주님께 기도로 감사의 마음을 담아 올려드린다.

아이들과 저녁 식사를 하면서 마지막으로 오게 될 열 번째 아이 이야기를 나누었다.
"엄마, 이번에 오는 애는 이름이 뭐야?"
"응, 한결이 이름 지어주신 이태형 소장님께 부탁했어."
"엄마가 전에 '하나' 라고 지었으면 좋겠다고 했잖아. 그냥 그렇게 지어."
"엄마 생각은 소장님께서 더 멋진 이름을 지어주실 거 같아. 엄마는 우리 가족이 하나되어 오직 주님만 바라보며 주님의 일만 하고 살았으면 좋겠어."
"그런데 남자아이인데 '하나' 는 좀 그렇잖아."
"하민아, 처음에 네 이름 지었을 때 사람들이 남자 이름 아니냐고 엄마에게 몇 번 물어봤어. 너 하민이란 이름 별로야?"
"아니야, 너무 좋아. 하민이, 하나님의 백성이란 뜻이잖아."
"그래, 이름은 여자 이름, 남자 이름 따로 있는 게 아니야. 이름에 담긴 의미가 더 중요한 거지. 처음에는 하은, 하선, 하민, '하' 자 돌림으로 지었다가 나중에 기도하면서 각자에게 가장 맞는 이름을 지었는데 열 번째 아이는 마지막 의미로 '하' 자가 들어가면 참 좋겠어."
"그럼 엄마의 생각을 소장님께 말했어?"
"아니, 한마디도 안 했어."
"왜?"
"아버지가 그 분의 마음에 말할 거란 걸 엄마는 알고 있어서."
"진짜?"

"응, 진짜."
며칠 뒤 이태형 소장님으로부터 전화가 왔다.
"사모님, 요즘 제가 하나님과 우리 모두는 하나가 되어야 한다는 걸 참 많이 강조해요. 그리고 우리는 정말 주님과 하나가 되어야 하구요. 그래서 아이의 이름을 '하나'라고 하면 어떨까 해요. 사모님께서 생각해보시고 좋으면 그렇게 하시고 아니면 바꾸시고요."
"아니에요. 너무 좋아요. 그대로 할게요. 하나, 정말 맘에 들어요."
"바로 정하지 마시고, 조금 더 생각해보셔도 돼요."
"진짜 좋아요. 아주 좋은 이름을 지어주셨어요. 마지막 열 번째 아이의 이름은 하나예요. 소장님! 정말 감사해요."
"하하하, 하나가 오면 우리 한 번 만나요."
"그래요, 소장님!"
이태형 소장님과 나누는 대화가 마치 주님과 나누는 대화인 듯한 착각에 빠질 정도로 깊은 주님의 임재를 체험했다. 우리 가정의 모든 것을 주관하시고 이끌어가시는 주님 앞에 무릎을 꿇고 엎드렸다.
"아부지, 저의 모든 걸 주님께 드립니다. 주님의 일을 이루는 데 우리 가족을 사용하여 주시옵소서. 이번에 오는 하나까지 이제 우리 가족은 주님의 열두 제자입니다. 세상과 타협하지 않고 오직 주님만 바라보며 나아갈 수 있게 하옵소서. 아부지, 사랑합니다!"

그동안 아홉 명의 아이를 데리고 오면서 늘 설레고 긴장되었지만 마지막 아이라 그런지 더 설레고 긴장되었다. 아이가 날 안 좋아하면 어쩌나 하는 불안한 마음도 들었다.

"얘들아, 이따 하나가 오면 우리 가족 다같이 환영파티를 하자."

"응, 엄마. 우리 빨리 하나 데리러 가자."

우리 집 여섯 명의 아들들을 데리고 자비원으로 향했다.

주님께서 9개월 전 꿈에서 보여준 작고 예쁜 남자아이가 보육사 선생님의 손을 잡고 우리 가족에게로 걸어오고 있었다. 걸어오는 아이를 보는 순간 내 숨도 멈추고 모든 게 다 멈추었다. 모든 사물은 정지한 채 오직 나의 아들만 걸어오고 있었다. 그렇게 열 번째 아이 하나는 내 품 안에 안겼다.

"주님 보고 계시지요. 우리 가족 열두 명, 주님의 열두 제자. 주님께 인사드립니다."

에 필 로 그

아부지만 바라보며 나아갑니다

주님은 늘 우리 가정에 선물을 주시는 분입니다. 한 가지를 원했는데 한 가지를 더 얹어서 주시는 멋진 분입니다. 주시고 난 뒤에 제가 하는 행동들을 유심히 바라보고 계시는 감시자이기도 합니다. 잘못된 길을 걷고 있으면 다시 돌아오길 바라며 우시는 눈물이 많은 분이고, 가난한 이웃을 위해 저의 지갑을 열고 있을 때 세상에서 가장 호탕한 소리로 웃으시는 분입니다. 아버지가 원하는 바른 길을 걷고 있으면 잘했다고 넘치게 칭찬해주시는 분입니다.

아버지의 사랑법은 참 특별합니다. 아버지는 눈물이 많은 저에게 더 많이 울라고 말씀하십니다. 아버지는 부자였던 저보다 가난한 지금의 저를 더 사랑하심을 압니다. 가진 게 많음이 주님의 사랑이라고 생각하기보다 가진 걸 다 나누고 스스로 가난한 삶을 선택해서 오직 주님만 바라보는 지금의 저를 더 많이 사랑하심을 압니다. 아버지의 뜻대로 순종하며 걸어가면 너무 좋아 어쩔 줄 몰라 하시며 저와 함께 춤을 추시고, 저를 안아주시는 분입니다. 그래서 저는 제 아버지, 주님을 사랑합니다.

오직 아버지만 사랑하고자 돈을 사랑하지 않습니다. 돈을 사랑함이 세상에 물드는 지름길이라는 걸 알기에 저는 그 길보다 주님을 따라가는 좁은 길을 선택했습니다. 돈으로 아이들을 키우지 않고 오직 주님의 말씀으로 키웁니다. 학원을 보내 지식을 쌓게 하는 게 아니라 주님께 헌금을 드리며 하나님나라의 지혜를 구하려고 노력합니다. 아이들에게 좋은 옷을 입히고 기름진 음식을 먹이기보다는 우리보다 더 어려운 이웃이 있음을 알려주길 원하며 그들과 나누며 함께 살아가는 방법을 우리 부부의 행동을 통해 보여주고자 애를 씁니다.

스스로 가난한 자의 삶을 선택하며 가난한 이들과 함께하신 예수님의 삶이 진정한 기독교임을 알려주기 위해, 또 그 안에서 참 자유를 누리며 행복한 삶을 살고 있는 우리 가정의 모습을 알려주기 위해 저는 이 글을 씁니다. 성경말씀과 삶이 일치하는 가정을 통해 주님의 메시지를 전하고자 합니다. 돈이면 다 된다는 물질 만능주의 속에서 오직 주님만이 우리 삶의 최고이심을 알리고 싶습니다.

성격이 급해서, 가끔은 무서운 엄마여서 아버지에게 꾸지람도 많이 받지만 저를 있는 모습 그대로 사랑해주시는 하늘 아버지로 인해 저는 날마다 행복하다고 고백합니다. 우리 가정 안에 한결같은 사랑으로 충만하게 채워주시는 아버지로 인해 날마다 풍요로움을 경험합니다. 아버지의 풍요로움은 세상 모든 걸 이길 수 있고 감싸 안을 수 있는 놀라운 힘이 있습니다. 저는 오늘도 그 힘으로 열 명의 우리 아이들과 힘찬 발걸음으로 세상을 향해 나아갑니다. 오직 우리 아버지만 바라보면서요.

하나님, 알러뷰

초판 1쇄 발행 2014년 1월 27일
초판 2쇄 발행 2014년 2월 10일

지은이 윤정희

펴낸이 여진구
책임편집 2팀 | 최지설, 박민희
편집 1팀 | 이영주, 김수미 3팀 | 안수경, 유혜림 4팀 | 김아진, 김소연
책임디자인 이혜영, 황혜정 | 전보영, 마영애
기획·홍보 이한민 해외저작권 김나은
마케팅 김상순, 강성민, 허병용, 이기쁨 마케팅지원 최태형, 최영배, 이명희
제작 조영석, 정도봉 경영지원 김혜경, 김경희

이슬비전도학교 최경식, 전우순 303비전성경암송학교 박정숙, 정나영, 정은혜
303비전장학회 & 303비전꿈나무장학회 여운학

펴낸곳 규장

주소 137-893 서울시 서초구 양재2동 205 규장선교센터
전화 02)578-0003 팩스 02)578-7332
이메일 kyujang@kyujang.com 홈페이지 www.kyujang.com
트위터 twitter.com/_kyujang 페이스북 facebook.com/kyujangbook
등록일 1978.8.14. 제1-22

책값 뒤표지에 있습니다.
ISBN 978-89-6097-332-9 03230

규 | 장 | 수 | 칙

1. 기도로 기획하고 기도로 제작한다.
2. 오직 그리스도의 성품을 사모하는 독자가 원하고 필요로 하는 책만을 출판한다.
3. 한 활자 한 문장에 온 정성을 쏟는다.
4. 성실과 정확을 생명으로 삼고 일한다.
5. 긍정적이며 적극적인 신앙과 신행일치에의 안내자의 사명을 다한다.
6. 충고와 조언을 항상 감사로 경청한다.
7. 지상목표는 문서선교에 있다.

하나님을 사랑하는 자 곧 그의 뜻대로 부르심을 입은 자들에게는 모든 것이 合力하여 善을 이루느니라(롬 8:28)

Member of the Evangelical Christian Publishers Association

규장은 문서를 통해 복음전파와 신앙교육에 주력하는 국제적 출판사들의 협의체인 복음주의출판협회(E.C.P.A:Evangelical Christian Publishers Association)의 출판정신에 동참하는 회원(Associate Member)입니다.